自分の本当の気持ちを
「考えながら話す」小学校英語授業

― 使いながら身に付ける英語教育の実現 ―

山田誠志　編著

日本標準

はじめに

　2017（平成29）年3月に告示された小学校学習指導要領「外国語」（以下「小外国語CS」という）における外国語（英語）教育が，真に中学校・高等学校へとつながるものとなるために必須なことの一つに，「考えながら話す」力の育成があると考えています。

　「考えながら話す」力を育成するという考え方や，その考え方に基づく英語授業の実施は，小学校だけではなく中学校においても非常に大切なことであると考えています。本書を読んでくださっている方のなかに現在中学校で英語授業を行っておられる方がいらっしゃれば，本書の内容をご自身の実践を振り返る視点にしていただければ幸いです。

　本書の第1部では，「考えながら話す」ことについて，それはどのようなことで，なぜ必要で，どのように指導すればその力を育てることになるか，そして，その力をどのように見届け，指導に生かすとよいか述べています。

　また，小外国語CSに新規で導入された「読むこと」と「書くこと」の指導についても，基本的な考え方等について示します。

　第2部では，「考えながら話す」力の育成に先進的に取り組んでいる学校の一つである岐阜市立長良東小学校の実践を同校の英語科主任である武部八重子先生が紹介します。

　ここで，岐阜市立長良東小学校について説明します。

　教科指導等の研究に長年取り組み，3年に1回，自主的な研究発表会を行っています。2015年度からは「英語科」の免許を有する教員が配置され，「英語科」についても研究を行うようになりました。2017年度は，3年に1回の研究発表会を行う年度に当たり，「英語科」の実践研究発表も行われました。

　岐阜市の小学校は文部科学省指定の研究校を除き，同校を含めて全小学校が教育課程特例校の指定を受け（2018年1月現在），小学校1年生から，教科としての英語教育に取り組んでいます。年間の授業時数は，第1，2学年は18時間，第3学年以上は35時間です。

　筆者は，2015年度の「英語科」発足当時から，同校の研究に携わっています。そのことから，第2部で示す実践編においては，同校の実践に絞って述べます。

　他方，本県には，長良東小学校以外にも，英語教育に先行的に取り組んでいる小学校がいくつもあります。特に，2014年度から，県教育委員会の事業として行っている「英語拠点校区事業」の英語拠点校である小学校は，県内の小学校英語教育のモデル校で，その実践は大変価値あるものばかりです。また，「考えながら話す」という考え方を踏まえた実践も多くあります。そこで，拠点校の実践については，第1部で取り上げます。

「考えながら話す」力の育成が，これからの小学校（及び中学校）における英語教育に必須であることは上述しました。筆者は，現在，岐阜県教育委員会の小・中学校英語教育担当指導主事で，小・中学校における英語教育改善の方向を県内の先生方にお伝えする際，「考えながら話す」という言葉を一つのキーワードとして使っています。

　「考えながら話す」力の育成に資する英語教育の実現をこれほど重要視している理由は後述しますが，そもそもこのことを英語教育改善の視点として定めるに至るきっかけとなったことを以下に述べます。

　一つは，文部科学省の教科調査官（小学校外国語活動担当，2018年1月現在）である直山木綿子氏が，「外国語活動における思考力・判断力・表現力を身に付けている姿」について以下のように示されたことでした。

> 　外国語活動は，その特色から，他教科とは違い，思考し，判断したことを，外国語を使って表現することになる。したがって，母語の表現よりもかなり稚拙である。
> 　しかし，<u>どうすれば相手に自分の思いがより伝わるか，相手の思いをより理解できるかを思考し</u>，もっている知識や技能を，場面にあわせて活用している。このような姿が，外国語活動における思考力・判断力・表現力を身に付けている具体の姿である。
>
> （『月刊初等教育資料』平成26年6月号，東洋館出版社，下線は筆者）

　「表現」と「思考」の関係性に関する直山氏のこの考え方を，本県の小学校における英語教育の改善の方針を考える際に参考にさせていただきました。そして，当該方針を「考えながら話す」という言葉で表すに至りました。

　もう一つのきっかけは，文部科学省の視学官兼教科調査官（中学校外国語担当，2018年1月現在）である平木　裕氏が，2014年6月18日に開催された「英語教育の在り方に関する有識者会議」（第5回）で，中学校外国語科の指導において「課題として考えられること」の一つを，「考えながら表現」という言葉を使って示されたことです。平木氏が示されたこのことも受け，「考えながら話す」は，小学校における外国語教育の改善の視点にもなりうると考えるに至りました。

　本書の内容が，手にしてくださったすべての先生方にとって有益なものとなることを願っています。

山田誠志

もくじ

はじめに ………………………………………………………………………………… 2

第1部 [理論編] 基本的な考え方と実践例　　山田誠志

第1章 考えながら話す ……………………………………………………………… 8
第1節 「考えながら話す」とは，何か ………………………………………… 8
第2節 なぜ，「考えながら話す」なのか ……………………………………… 11
1. 小学校学習指導要領「外国語」の趣旨を踏まえる観点から
2. 「実態」の観点から
3. 「中学校英語」との接続の観点から
4. 「英語表現のより確実な定着」の観点から

第3節 どのように，「考えながら話す」児童を育てるのか ………………… 18
1. 指導観をかえる
2. 繰り返しの指導に資する学習到達目標を設定する
3. 言語活動を工夫する
4. 指導内容を重点化する (Small Talkの場合)
5. 既習表現を想起させる
6. 場（言語活動）を継続的に提供する
7. 英語表現を頭の中に「ためる」
8. 授業全般を通じて，児童との英語でのやり取りの時間を増やす

第4節 どのように，「考えながら話す」力を見届け，指導に生かすのか ……… 66
1. 「テスト」に対する考え方と具体的方途
2. 評価の観点・評価規準・評価基準
3. 評価時期と評価方法

第2章 「読むこと」「書くこと」の指導 ………………………………………… 74
1. 「読むこと」の指導における2つのアプローチ
2. 「読むこと」の指導における留意点
3. 「書くこと」の指導における留意点

第2部 [実践編] 岐阜市立長良東小学校の実践　　武部八重子

授業に込めた願い ……………………………………………………………… 82

第1章 「話すこと [やり取り]」の指導 ………………………………………… 83
第1節 「計画的に」「繰り返し」指導するために小中9年間を見通した話題別学習到達目標を設定 …… 83
第2節 Small Talk について ……………………………………………… 86
1. Small Talk とは
2. Small Talk を行う目的
3. Small Talk の指導で大切にしたいこと
4. Small Talk の指導の流れ
5. 自身の対話を振り返るようにする
6. すぐできなくても焦らない・長いスパンで伸びを確かめる
7. 自分の気持ちを Small Talk で

第3節　目的のある「話すこと」の言語活動 …………………………………………… 95
　　　　　1. 実践事例1「夢の時間割をつくろう」
　　　　　2. 実践事例2「クイズ大会をしよう」
　　　　　3. 目的のある言語活動をするための留意点
　　　第4節　課外の活動＜パスポートプロジェクト＞ ………………………………………… 104
　第2章　「読むこと」「書くこと」の指導 …………………………………………………… 105
　　　第1節　「読むこと」の指導のあり方 ……………………………………………………… 105
　　　　　1. 前年度の反省から…楽しみながら「読むこと」の体験の不足
　　　　　2. 文字の導入・文字との「出会い」
　　　　　3. カードゲームの開発
　　　　　4. 事例「サイレント Who am I? クイズ」
　　　第2節　「書くこと」の指導のあり方 ……………………………………………………… 112
　　　　　1. カードライティングゲーム
　　　　　2. 話したことを書く
　　　　　3. 言語習得の順序に沿った指導計画
　第3章　評価について ………………………………………………………………………… 117
　　　　　1. 「話すこと［やり取り］」をどのように評価するか
　　　　　2. 「読むこと」「書くこと」をどのように評価するか
　　　　　3. 「話すこと［発表］」をどのように評価するか
　　　　　4. 「聞くこと」をどのように評価するか

◆ 巻末資料 ……………………………………………………………………………………… 128
　　　1. 岐阜市立長良東小学校「外国語（英語）科」における各学年の学習到達目標［表現の能力］
　　　2. 岐阜市立長良東小学校「外国語（英語）科」における各学年の学習到達目標［理解の能力］
　　　3. 話題別学習到達目標「私たちの学校・ふるさと自慢」
　　　4. 話題別学習到達目標「1日の生活・予定」
　　　5. 話題別学習到達目標「将来の夢・したいこと」
　　　6. 言語活動と英語表現の柔軟な取扱い計画表（5年生）【試案1】　＊Small Talkを中心に作成
　　　7. 言語活動と英語表現の柔軟な取扱い計画表（5年生）【試案2】
　　　8. 「日本・世界で活躍する日本人」単元指導計画
　　　9. 「日本・世界で活躍する日本人」本時の展開
　　　10. 「日本・世界で活躍する日本人」学習プリント
　　　11. 『We Can! 2』Unit 2 Welcome to Japan 評価シート

◆ Classroom Photos ………………………………………………………………………… 149
　　　1年　体を動かし楽しくインプット　　松本 純
　　　3年　友だちと知的にレベルアップ　　佐藤 恵理子
　　　6年　既習を手がかりに読み・書く　　武部 八重子

　　謝辞 …………………………………………………………………………………………… 156

理論編

基本的な考え方と実践例

山田誠志

第1章 考えながら話す

第1節 「考えながら話す」とは、何か

「考えながら話す」とは、

> 伝えたい「内容」と、その内容を伝えるための「英語表現」の両者を同時に考えながら（思考・判断しながら）話す（表現する）

ことと捉えています。このことを図式化すると図1のようになります。

図1について説明します。

「考えながら話す」とは、伝えたい「内容」と、それを伝えるための「英語表現」を同時に思考・判断し、表現すること、つまり、図中の②と③を、目的・場面・状況に合わせて同時に行うことを指します。

「内容」と「英語表現」を同時に思考・判断し、表現するということは、換言すると、この表現活動には即興性が伴うということです。

図1 「考えながら話す」のイメージ図

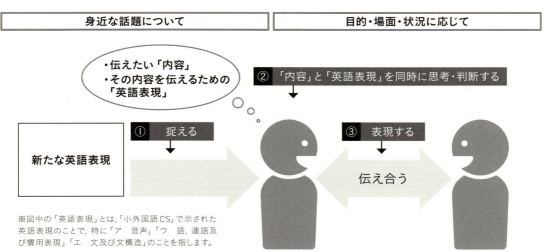

※図中の「英語表現」とは、「小外国語CS」で示された英語表現のことで、特に「ア　音声」「ウ　語、連語及び慣用表現」「エ　文及び文構造」のことを指します。

英語授業における言語活動に取り組む際，児童は，「伝えたい内容の決定→それを伝えるための英語表現の決定→表現」という三者を，一定程度の時間を置いて順に行うことが，ややもすると多かったのではないでしょうか。一方，本書でいう「考えながら話す」は，これら三者が同時に行われることを指します。したがって，「考えながら話す」ことを行っている児童は，言いよどんだり，考えるための間を取ったり，発話を言い直したりといったことを行うことがしばしばあります。

　なお，即興的な発話を可能とするために，「考えながら話す」言語活動で取り上げる話題は児童にとって身近なものであることが必要です。この考え方は，小外国語CSにおいても見られます。小外国語CSの「話すこと［やり取り］ウ」は即興的に（小外国語CSでは「その場で」），伝え合うことを目標とした事項ですが，本目標では，「自分や相手のこと及び身の回りの物に関する事柄について」という条件を付すことで，話題を平易なものに制限し，その場でのやり取りをさせやすくしています。

　「考えながら話す」言語活動は，2人の児童によるやり取りが中心となります。やり取りには聞き手からの質問が存在します。話し手は，聞き手からの質問に答える場面において，即興的に発話せざるを得なくなります。つまり，「内容」と「英語表現」を同時に思考・判断して表現する必然性が生まれるということです。また，このような即興的な発話の必然性は，話し手だけに生じるわけではありません。聞き手の児童も，話し手から聞いたことを受けて，それに関連した質問をその場で考えることになります。

　「考えながら話す」ことにおける「伝えたい内容」とは，何らかのトピック（たとえば，好きな日本食，住んでいる地域で好きな場所）に関する自分の考えや気持ちが中心となります。大切なことは，誰かになりきって（たとえば，レストランの店員になりきって，ツアーガイドになりきって），その人だったらどう思ったり考えたりするかを話すのではなく，本当の自分自身の考えや気持ちを話すようにさせることです。このことが重要である理由は後述します。

　「考えながら話す」ことは，目的・場面・状況に応じて行われます。目的・場面・状況があると，児童に自分の考えや気持ちをもたせやすく，思考や判断をさせやすくなります。また，そのようなことを話そうとする意欲や必然性をもたせやすくなります。

　ここで，「目的・場面・状況」とは何かということを述べます。

　目的，場面，状況に応じて言語活動に取り組ませることの重要性は小外国語CS等においても強調されています。ところで，本書をお読みの方は，授業における言語活動で教師が設定するコミュニケーションの目的と言われたとき，どのようなことを思い浮かべるでしょうか。たとえば，「夢の時間割をつくること」や「夏休みの思い出日記をつくること」などは，「目的」として多くの方が思い浮かべられると思います。もちろんそのようなことも「目的」です。

また,「目的」は,たとえば好きな日本食というトピックについて,自分の好きな日本食を対話相手に知ってもらうことや,対話相手の好きな日本食は何かを知ることも,コミュニケーションの「目的」です。

　自分を知ってもらい,相手を知ることも,立派なコミュニケーションの目的です。コミュニケーションを図る目的の大切な部分に,「よりよい人間関係を構築する」ということがあるとするならば,お互いを知り合うことは,紛れもないコミュニケーションの目的と言えるでしょう。

　図中の①「捉える」とは,「英語表現の音声と意味と使い方を理解する」ということです。

　この「捉える」の段階は,「考えながら話す」という営みに含まれません。しかし,「考えながら話す」ことができるようになるために,この「捉える」段階でどのように指導するかは大変重要です。ポイントは,英語表現の「使い方」までをどのように理解させるかということです。ひと言で言えば,「英語表現を,当該表現が使用される場面のなかで理解させる」ということです。詳細は後述します。

　以上,「考えながら話す」とは何かについて,イメージ図を基に説明しました。

　最後に,実際に考えながら話している児童の対話の一例を以下に示します。なお,この対話は,岐阜市立長良東小学校の5年生の児童が実際に行った対話です。

「考えながら話す」の対話例
岐阜市立長良東小学校5年生の対話

A: What do you like about Japan?
B: Well…, food.
A: Food. I see. えっと, Why do you like it?
B: Ah…, because it's yummy.
A: OK. What Japanese food do you like?
B: I like *sashimi*.
A: Ah, you like *sashimi*. Me too. What *sashimi* do you like?
B: I like tuna.
A: Me too. I like tuna very much. It's delicious.

第2節　なぜ,「考えながら話す」なのか

1 小学校学習指導要領「外国語」の趣旨を踏まえる観点から

　小外国語CSにおいて,2020年度から全面的に実施される小学校高学年での外国語教育では,「知識及び技能」と「思考力,判断力,表現力等」の目標が以下のように示されました。

「知識及び技能」に関する目標の一部

> 聞くこと,読むこと,話すこと,書くことによる実際のコミュニケーションにおいて活用できる基礎的な技能を身に付けるようにする。
>
> （2017〈平成29〉年告示『小学校学習指導要領『外国語』,下線は筆者）

「思考力,判断力,表現力等」の目標

> 　コミュニケーションを行う目的や場面,状況などに応じて,身近で簡単な事柄について,聞いたり話したりするとともに,音声で十分に慣れ親しんだ外国語の語彙や基本的な表現を推測しながら読んだり,語順を意識しながら書いたりして,自分の考えや気持ちなどを伝え合うことができる基礎的な力を養う。
>
> （前掲書）

　小外国語CSによれば,知識・技能とは言語材料（本書では「英語表現」と表記しているので,以下「英語表現」という）の理解であり,それを活用することができる技能のことです。したがって,英語表現の定着が必須になるということです。2011年度から小学校高学年において実施されている外国語活動と比べると,「体験させる外国語教育」から「定着させる外国語教育」への転換が図られると言えるでしょう。

　では,それらの定着はどのようにして図られるのでしょうか。

　2016年12月21日に中央教育審議会が公表した「幼稚園,小学校,中学校,高等学校及び特別支援学校の学習指導要領等の改善及び必要な方策等について（答申）」（以下「答申」という）には,次のような記述がみられます。

> 　外国語の学習においては,（中略）知識・技能が,実際のコミュニケーションにおいて活用され,思考・判断・表現することを繰り返すことを通じて獲得され,学習内容の理解

> が深まるなど, 資質・能力が相互に関連し合いながら育成されることが必要である。
> (中央教育審議会答申「幼稚園, 小学校, 中学校, 高等学校及び特別支援学校の学習指導要領等の改善及び必要な方策等について」, 下線は筆者)

このことから, 知識及び技能の習得は「思考力・判断力・表現力の育成」と一体的に図られるものであることが分かります。

以上のことをまとめると, 次のようになります。

- 小外国語CSの具現に必要なことの一つは知識及び技能の定着(獲得)であること。
- そのためには, 思考・判断・表現の繰り返しが必要であること。

「考えながら話す」は, 内容と英語表現を同時に「思考, 判断」しながら「表現」することなので, その力の育成は, 小外国語CSの目標の達成に大いに資するものであると考えています。

2 「実態」の観点から

みなさんがお勤めの小学校ではどのような外国語活動等の授業が行われているでしょうか。また, どのような外国語活動等の授業をご覧になったことがありますか。

小外国語CSの解説には「小学校では, 平成23年度から高学年において外国語活動が導入され, その充実により, 児童の高い学習意欲, 中学生の外国語教育に対する積極性の向上といった成果が認められている」と記されています。岐阜県の小学校においても同様で, コミュニケーションへの積極性の高まり, 聞くことの力の向上, 基本的な英語表現への慣れ親しみなど, さまざまな成果が見られます。

一方で, 気になる児童の姿を見ることもあります。たとえば, 児童Aと児童Bの以下のようなやり取りです。

やり取り例1

A: ……(発話できずに困っている)何って言うんだった?
B: What color do you like? って私に聞くんだよ。
A: あっ, そうか。What color do you like?
B: I like red.

やり取り例2

> A: えっと……（と言って，黒板を見ながら）What do you want to be?
> B:（黒板を見ながら）I want to be a …… pilot.

　例1では，自分（A）がこれから話すことは何かを相手（B）に聞いています。このようなことは，自然なやり取りではありえません。

　例2では，黒板にAとBの発話のヒントが書かれているため，2人の児童は，体はお互いの方に向けていますが，視線は相手ではなく黒板を向いています。

　このようなやり取りになってしまう授業には，共通して以下の課題があると考えています。

> ・児童Aと児童Bとのやり取りが，順番（最初にAが〜と言い，次にBが〜と言う）も含めあらかじめ決められている。
> ・児童はそのやり取りを順番も含めて頭に入れ，言語活動において，それを再現している。
> ・教師は子どもがそのやり取りを順番も含めて覚えることができるよう活動や指導を工夫している。

　このような授業を「暗記・発表の要素が強い授業」と捉えています。

　「暗記・発表の要素が強い授業」では，伝え合う内容も当然大切にされるものの，あらかじめ決めたやり取りや発表の再現にも強く意識が向けられます。したがって，モデル対話の提示も，チャンツでの対話の口頭練習も，そのための指導として行われるようになりがちです。

　また，間違えることなく対話できるようにさせたいという意識も働くため，言語活動に取り組んだ児童に対する認めの言葉（ほめ言葉）として，「上手にできたね」という言葉が使われることがあります。教師が求めるやり取りや発表を「上手に」できるか否かも，児童を認めるか否かの基準になっているのでしょう。

　「暗記・発表の要素が強い授業」では，児童が思考・判断しながら自分の考えや気持ちを伝えるということはそれほど強く求められていないと思われます。先の例1でいえば，児童Bが"I like red."と言ったとき，例2ならば，児童Bが"I want to be a pilot."と言ったときは，児童なりに思考・判断しながら自分の考えや気持ちを伝えていると思われますが，それ以外の発話は，あらかじめ決められた英文を，決められた順番で話している，言い換えれば，暗記したことを再現しようとしていると思

えます。ここで児童に主として求められていることは，思考力や判断力というよりも暗記力なのではないでしょうか。

　「暗記・発表の要素が強い授業」では，そのときは，使わせたい英語表現を使わせ，教師が求めるやり取りや発表をさせることができるかもしれません。しかし，暗記力に支えられたやり取りや発表をしても，そのとき使用させた英語表現のその後の定着はあまり望めないと考えます。

　定着が求められ，そのためにも思考力や判断力の育成が必要とされる教科としての外国語教育が始まろうとしていることを踏まえると，「暗記・発表の要素が強い授業」から脱却し，学習した英語表現を想起しながら繰り返し使用する「思考・判断しながら表現する授業」への転換が必要です。この意味において，「考えながら話す」力の育成を志向する英語授業の実施が大変重要になると考えています。

3 「中学校英語」との接続の観点から

　2008（平成20）年3月に告示された中学校学習指導要領「外国語」では，「言語活動の取扱い」として以下のことが示されています。

> （ア）実際に言語を使用して互いの考えや気持ちを伝え合うなどの活動を行うとともに，（中略）英語表現について理解したり練習したりする活動を行うようにすること。
> （イ）実際に言語を使用して互いの考えや気持ちを伝え合うなどの活動においては，具体的な場面や状況に合った適切な表現を自ら考えて言語活動ができるようにすること。
>
> （2008〈平成20〉年告示「中学校学習指導要領『外国語』」）

　この規定は，自分の考えや気持ちを思考・判断しながら表現する（伝え合う）ことの必要性を示しています。まさに，考えながら表現することが外国語教育では必要であると述べています。そしてこの取扱いは，「言語活動」という言葉の定義を他教科と合わせるという観点等から一部修正されましたが，趣旨はほぼそのまま，2017（平成29）年3月に告示された中学校学習指導要領「外国語」において，そして小外国語CSにおいても示されています。

　小学校での外国語教育は中学校へつながる外国語教育でなければなりません。換言すると，小学校での英語授業の改善点を明らかにするためには，児童が，中学校の英語授業でどのような指導を受けることになるかを考えることも必要ということです。中学校の英語授業において，「具体的な場面や状況に合った適切な表現を自ら考えて」「互いの考えや気持ちを伝え合う」ことが求めら

れていることを踏まえれば，そのような言語活動を小学校段階から実態に応じて実施することは必要なことです。もちろん，これは，中学校の英語授業で実際にそのような言語活動が実施されていることが前提です。

4 「英語表現のより確実な定着」の観点から

　前節において，「考えながら話す」ことにおいて表現させる「内容」は，何らかのトピックに関する<u>本当の自分の考えや気持ち</u>であることが重要だと述べました。本当に自分が考えたことや自分が感じたことを表現するために使用した英語表現は，その後の定着が期待できると考えるからです。このことについて，以下にくわしく説明します。

　夏休みの思い出について伝え合う言語活動に取り組んでいる授業での様子です。一人の児童が，夏休みに見た花火が「とても」美しかったことを伝えるために，"I saw fire-works in summer vacation. They were so beautiful." と very 以外にも so という語を使って表現できることを知りました。すると，その後の発話において，もんじゃ焼きがとてもおいしかったことを "*Monjyayaki* was so delicious." と言ったり，初めて富士山を間近で見て，その大きさに感動したことを伝えるために "Mt. Fuji was so big." と言ったりしている発話を聞きました。

　この事例は，so という容易な表現についての事例です。しかし，容易か否か（大人が容易と思うか思わないか）に関係なく，児童は，自分が本当に伝えたいと思ったことを伝えようとしているとき，それを英語で何と言えばよいかを学ぶと，その表現を喜んで使おうとします。

　たとえば，みなさんは，ancient ruins や locust はどのような意味かわかりますか。前者は「遺跡」で後者は「トノサマバッタ」です。これらの表現は，実際に児童が対話活動で使用していたものです。大人が難しいと思うかどうか（今まで見聞きしたことがあるかどうか）は子どもにとって関係がありません。子どもにとって関係があるのは，その語を使いたいかどうか，使う必要があるかどうかだけと言っても過言ではないでしょう。

　語だけではなく文型についても同様のことが言えます。県内のある小学校5年生の授業で，男子児童が，自分が住んでいる地域で気に入っている場所の写真（下校途中に見える山間に沈む夕日の写真）を見せながら，"The view makes me happy." と話しているのを聞いて（見て），筆者を含め参観者は驚きました。make A B は，中学校の教科書では2年生か3年生に出てくる文型です。しかし，英語表現をまるごとそのままで理解し使用している小学生にとっては，教科書における文法事項の配列順など関係がないわけです。

　児童は，伝えたいと思うことがあるから，それを伝えるための英語表現を学びます。そして，児童

が伝えたいと思うのは，多くの場合，自分が本当に思ったことや考えたことです。

そして，自分が本当に思ったことや考えたことを伝えようと思ったときに学び，使った英語表現は，その後の定着にもよい影響を与えるのではないかと考えます。少なくとも，伝えたいという意欲や必然があまりないことを伝えるために学び，使った英語表現に比べれば，定着のしやすさという点で違いがあるように思えてなりません。

以上，自分の本当の考えや気持ちを表現させることがなぜ大切であるかについて述べました。

自分の本当の考えや気持ちを表現させることの重要性は，「英語表現のより確実な定着」ということ以外にもあります。そこで，以下に，その重要性を2点述べます。

(1) 対話を継続させやすくすることができる

「レストランの客になったつもりで食べ物や飲み物を英語で注文させる」「ツアーガイドになりきって自分が選んだ国の名所やお薦めの食べ物を旅行客役の相手に説明させる」などのいわゆるロールプレイの活動は英語の授業でよく行われます。このような活動は，目的を明確にして取り組ませれば効果を生むことが期待できるでしょう。

一方で，「レストランの客役」や「ツアーガイド役」は，あくまでも「架空の誰か」になって対話に取り組むことになります。したがって，やり取りにおいて相手から予期せぬ質問をされた場合，「そんなこと聞かれても，私は本物のツアーガイドじゃないから分からない」など，伝える内容そのものが分からない，情報をもち合わせていないから答えようがないという状況になります。

対話において聞き手から予期せぬ質問をされたときこそ，「考えながら話す」状況が生まれます。したがって，「考えながら話す」言語活動では，聞き手もその場で考えて質問することが必要となります。その質問に，答えを準備していなくても答えることができるとしたら，それは自分自身のことに関する質問をされたときでしょう。

(2) 本来あるはずの欲求を満たすことに資する

子どもも大人も人は誰でも，自分のことを知ってほしい，分かってほしいという承認欲求を根源的な欲求として有していると言われています。このような欲求は，おそらく読者のみなさんも感じたことがあるのではないでしょうか。自分の本当の考えや気持ちを伝えて相手に分かってもらうことや，相手の気持ちや考えを知って相手を身近に感じたり理解したりすることは，本来は楽しく，うれしいことのはずです。そのような本来あるはずの欲求を，自分の本当の考えや気持ちを英語で伝えることで満たすことが期待できます。そして，そのような内容を伝え合うことで得られる楽しさや喜びは，

コミュニケーションへの意欲化を図るものと考えます。

　一方で，自分の考えや気持ちを伝えることを楽しくない，うれしくないと思う子どももいるかもしれません。その子は自分のことを表出することが苦手なのかもしれません。または，互いに認め合い安心できる仲間関係が学級のなかで十分醸成されていないからかもしれません。どちらにしても，「だから，自分の本当の考えや気持ちを伝えるのは難しい」と考えるのではなく，「だからこそ，自分の本当の考えや気持ちを伝えるような言語活動を位置付けよう」と考えたいものです。

第3節　どのように,「考えながら話す」児童を育てるのか

　本節では, どのように,「考えながら話す」児童を育てるのかについて, 8つの視点から, 岐阜県教育委員会の取り組み及び岐阜県の小学校における実践を基に述べます。

1 指導観をかえる

　授業改善に最も必要なことは, 指導技術を習得することではなく, 確かな指導観をもつことであると考えます。なぜなら, 確かな指導観は, 新たな指導技術を生み出すことがあるからです。また, 指導観が確かであれば, 人や書籍から指導技術を学んだとき, それをほかの指導場面において応用することも可能です。

> ・言語活動で子どもたちを悩ませるのが怖かったです。だから, フレームを与えたり, 英文を集めて書き直したりしていました。でも, そういう指導が本当に生徒のためになっているのか分からなくなり, 思い切って悩ませることにしました。その結果が, 先日のあの子たちのような前向きな姿です。思い込みの指導はダメだと気づきました。
> 　　　　　　　　　　　　　　　　　　　　　　　　　　　　（中学校英語担当教員）
> ・高校の英語の授業で先生方が指導されていた「対話を続けるコツ」を子どもたちにも指導してみました。「難しいかも」と思いましたが, 子どもたちはおもしろがって使いながら身につけ, 英語の対話がとても自然にできるようになりました。難しいかどうかの判断を教員が勝手にしてはいけないと思いました。
> 　　　　　　　　　　　　　　　　　　　　　　　　　　　　（小学校学級担任）

　これは, 本県の英語拠点校の先生が, 英語の授業研究会で話されたことです。よい授業を見, 書籍や校種を超えて他の先生方から指導法を学び, 自分の授業を参観していただくという営みを繰り返すなかで, 御自身の指導観が変容されたことがとてもよく分かり, お2人のお話を聞きながら, とてもうれしく, また, 頼もしく感じたことを今も覚えています。

　前節で,「暗記・発表型の授業」について, 児童にさせたいパフォーマンス(やり取り)がほぼすべてあらかじめ決められており, 教員は, そのパフォーマンスを実現(再現)させるために指導・援助をしていることが課題であると述べました。しかしこれは, 見方を変えれば, 児童にさせたいパフォーマンスを確実にさせることができるよう, ていねいできめ細かな指導をしているとも言えます。

　ていねいできめ細かい指導は大切です。しかし, その指導が, 児童が学んでいく道を先回りして

障害物を取り除き，つまずかないようにする意味でのていねいさとなっているならば，英語の授業においてはあまり推奨されるものではないと考えます。

　図2は，2015（平成27）年度末に，県内の中学校英語担当教員に示した指導改善に関わる資料の一部です。

図2　平成27年度「岐阜県における児童生徒の学習状況調査」の結果を踏まえた指導改善資料（岐阜県教育委員会学校支援課）

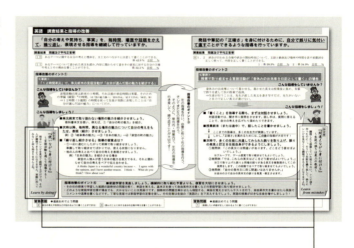

　本資料中，左下と右下に，先生方にもっていただきたい2つの指導観（英語教育におけるベースとなる考え方）を「合言葉」として示しました。右が，それを拡大したものです。

　英語教育におけるこの指導観は，県内の中学校の英語担当教員に向けて発したメッセージですが，小外国語CSが全面実施され教科としての英語教育が始まろうとしている今，小学校の先生方にもぜひもっていただきたい指導観です。

指導観の合言葉

- 「すぐにできるようにならないのは当たり前」
- 「目の前の児童の姿に一喜一憂しない（なかなかできるようにならない児童の状況にこだわりすぎない）」
- 「児童の可能性を信じ，気長に，楽な気持ちで指導に当たる」

　このような気持ちで英語教育に携わりつつ，実践を地道に積み上げることで，本節の冒頭で紹介

したお二人の先生方のような指導観を多くの先生方にもっていただくことが，英語教育の抜本的な改善には最も重要と考えています。

2 繰り返しの指導に資する学習到達目標を設定する

　言語の習得は一朝一夕に図られるものではありません。前述したように，定着のために必要なことは，「思考・判断しながら自分の考えや気持ちを表現するために英語表現を繰り返し活用させる」ことです。限られた時間（授業時数）のなかで行う英語教育の成否のカギは，長いスパンでの「繰り返し」をいかに意図的に生み出すか，であるといっても過言ではないと考えます。

　そのためにまず必要なことは，繰り返しの指導に資する学習到達目標を設定することです。たとえば，「話すこと［発表］」について，次のような第6学年の学習到達目標を設定した小学校があるとします。

> 　自分の考えに理由を付け，聞き手の理解に応じて繰り返したり強調したりしながら話すことができる。

　この小学校の児童たちは，年間を通じて取り組む内容（題材や使用する英語表現等）は変わっても，1年間継続して「自分の考えと理由を話すこと」「聞き手の理解を確認すること」「聞き手が理解しやすいように繰り返したり大切な部分を強調したりしながら話すこと」に取り組み続けることになります。このことを図式化すると図3のようになります。

図3　1年間継続して繰り返し取り組む指導の図式化

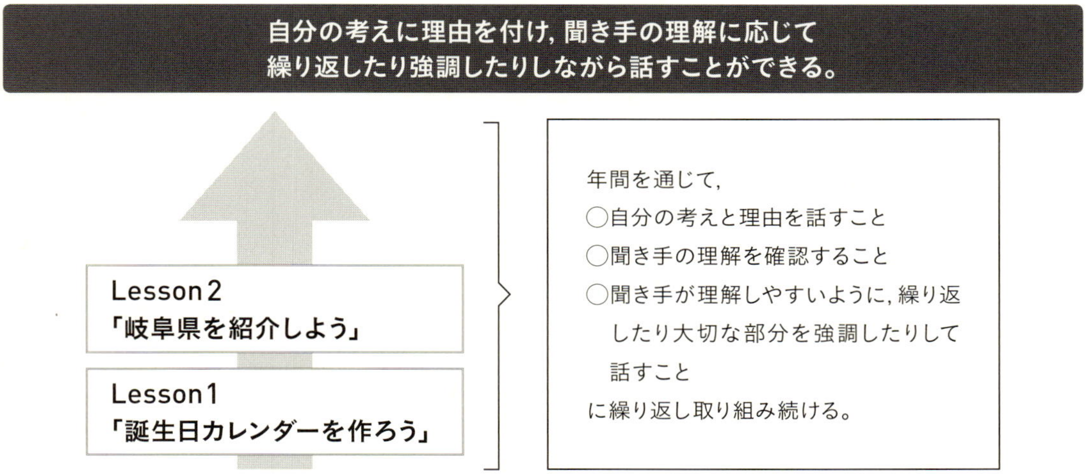

自分の考えに理由を付け，聞き手の理解に応じて繰り返したり強調したりしながら話すことができる。

Lesson 2
「岐阜県を紹介しよう」

Lesson 1
「誕生日カレンダーを作ろう」

年間を通じて，
○自分の考えと理由を話すこと
○聞き手の理解を確認すること
○聞き手が理解しやすいように，繰り返したり大切な部分を強調したりして話すこと
に繰り返し取り組み続ける。

なお，このような繰り返しの指導は，小学校だけで完結させるのではなく，中学校でも実施されることが望ましいです。新学習指導要領等においても，小中高を一貫した系統的な英語教育の実施は強調されていることの一つです。したがって，たとえば先に示した小学校の目標を受け，当該学校の子どもたちが進学する中学校において，次のような学習到達目標を設定することが考えられます。

小学校の学習到達目標

> 　自分の考えに理由を付け，聞き手の理解に応じて繰り返したり強調したりしながら話すことができる。

↓

中学校の学習到達目標

> 　自分の意見や主張とその根拠を，聞き手の理解を確認したり，必要に応じて他の表現で言い直したりなどしながら話すことができる。

　さて，繰り返しの指導に資する学習到達目標とは当然のことながら具体的でなければなりません。そして，そのような具体的な目標にするために必要なことは3点あると考えます。

> (1) 目標を構成する要素を決めること
> (2) 目標を達成した発話例を英語で表記すること
> (3) 話題別や活動別の目標も設定すること

(1) 目標を構成する要素を決める

　岐阜県教育委員会は，2014年3月に，中学校の学習到達目標例（以下，「県版到達目標」という）を作成しました。このうち，「話すこと［やり取り］」，「話すこと［発表］」，「書くこと」の学習到達目標を図4に示します。

図4　中学校「外国語（英語）科」における「外国語表現の能力」に焦点を当てた各学年の学習到達目標（例）

（2014年3月　岐阜県教育委員会）

外国語の目標
外国語を通じて，言語や文化に対する理解を深め，積極的にコミュニケーションを図ろうとする態度の育成を図り，聞くこと，話すこと，読むこと，書くことなどのコミュニケーション能力の基礎を養う。

話すことの目標（英語）
初歩的な英語を用いて自分の考えなどを話すことができるようにする。

書くことの目標（英語）
英語を書くことに慣れ親しみ，初歩的な英語を用いて自分の考えなどを書くことができるようにする。

第3学年の目標

やりとりの要素が強い言語活動における目標
- 自分自身や家庭，学校，自分を取り巻く社会等，身近な話題について（話題）
- 客観的な事実や様々な考え等に基づいた自分の意見や主張とその根拠等を（内容）
- 対話がより継続・発展するよう，聞き手の理解に応じて他の表現で言い直すなどの工夫をしながら（表現方法）
- 中心となる話題に関して5往復程度の対話で（程度）
話すことができる。

Lesson 2
仲間を紹介する記事づくりに向けてインタビューする活動において，好きなことや興味のあることについて，好き嫌いやそのなぜ好きなのかなど，現在完了継続用法を含んだ英文を用いて質問したり，必要に応じて繰り返したり他の表現で言い換えたりして，5〜7往復程度の対話をすることができる。

（単元指導計画・本時の展開・目標を具現した発話例）

発表の要素が強い言語活動における目標
- 自分自身や家庭，学校，自分を取り巻く社会等，身近な話題について（話題）
- 客観的な事実や様々な考え等に基づいた自分の意見や主張とその根拠等を（内容）
- 聞き手の理解に応じて，繰り返したり，強調したりしながら（表現方法）
- 中心となる話題に関して10文程度の英文で（程度）
話すことができる。

Unit 5
あるトピックに対して，自分の意見や主張とその根拠等を，相手の理解の状況を確認し，それに応じてジェスチャーや具体物等の非言語手段を活用しながら，分詞の後置修飾等の英語表現を用いて，10文程度の英文で話すことができる。

（単元指導計画・本時の展開・目標を具現した発話例）

第3学年の目標（書くこと）
- 自分自身や家庭，学校，自分を取り巻く社会等，身近な話題について（話題）
- 客観的な事実や様々な考え等に基づいた自分の意見や主張とその根拠等を（内容）
- 文章全体の構成の中で，出だしや結び，具体例，対比，問いかけの他，根拠となるデータや事実，予想される反論とそれに対する考えなどの文を効果的に使い（表現方法）
- 中心となる話題に関して10文程度の正しい英文で（程度）
書くことができる。

Lesson 4
自分の思い出の物について，自分の考えやその考えをもつに至った理由等を，文章全体の構成に留意したり，不定詞等の既習表現を用いて，具体的なエピソードやそれから学んだことを示しながら，10文程度の正しい英文で書くことができる。

（単元指導計画・本時の展開・目標を具現した筆記例）

第2学年の目標

やりとりの要素が強い言語活動における目標
- 自分自身や家庭，学校，自分を取り巻く社会等，身近な話題について（話題）
- 自分の経験や他教科等で学習したことに基づいた自分の考えや気持ちとその理由，また詳しい様子や特徴を表した事実等を（内容）
- 分からない点を尋ねたり答えたりするとともに，相手の発話内容とつながりのある受け答えに留意しながら（表現方法）
- 中心となる話題に関して4往復程度の対話で（程度）
話すことができる。

Unit 7
携帯電話を売り込む活動を通して，携帯電話の特徴や好みなどについて，自分から話題を提供したり，相手の発話に関する具体的な情報を付け加えたりしながら，比較級を正しく用いて，4往復程度の対話をすることができる。

（単元指導計画・本時の展開・目標を具現した発話例）

発表の要素が強い言語活動における目標
- 自分自身や家庭，学校，自分を取り巻く社会等，身近な話題について（話題）
- 自分の経験や他教科等で学習したことに基づいた自分の考えや気持ちとその理由，また詳しい様子や特徴を表した事実等を（内容）
- 基本的な音声の特徴の他，表情やジェスチャー，具体物等の非言語手段を含め，聞き手によりよく伝わる声量でしながら（表現方法）
- 中心となる話題に関して7文程度の英文で（程度）
話すことができる。

Multi Plus 1
過去形や未来形，助動詞，質問等の表現を用いて，自分自身の身近な話題について，自分の考え，気持ちとその理由，詳しい様子や特徴を表した事実等を，適切な声量で，表情，視線，強勢，イントネーション等を工夫して，7文程度のまとまりのある英文でスピーチすることができる。

（単元指導計画・本時の展開・目標を具現した発話例）

第2学年の目標（書くこと）
- 自分自身や家庭，学校，自分を取り巻く社会等，身近な話題について（話題）
- 自分の経験や他教科等で学習したことに基づいた自分の考えや気持ちとその理由，また詳しい様子や特徴を表した事実等を（内容）
- 内容のまとまりに留意しながら，出だしや結び，具体例，対比，問いかけなどの文を効果的に使い（表現方法）
- 中心となる話題に関して7文程度の正しい英文で（程度）
書くことができる。

Lesson 5
将来の夢についてのスピーチ原稿を書く活動において，自分の考えや気持ちとその理由，その夢を抱くきっかけとなった具体的な体験等を，不定詞を用いて，文と文の順序や相互の関連に注意を払いながら，一貫性のある文章を7文程度の正しい英文で書くことができる。

（単元指導計画・本時の展開・目標を具現した筆記例）

第1学年の目標

やりとりの要素が強い言語活動における目標
- 自分自身や家庭，学校，自分を取り巻く社会等，身近な話題について（話題）
- 自分の考えや気持ち，身の回りの出来事等を（内容）
- 聞き手を意識して強調したり，繰り返したり，新しい情報を付け加えたりして対話を継続・発展させながら（表現方法）
- 中心となる話題に関して3往復程度の対話で（程度）
話すことができる。

Lesson 5
be動詞，一般動詞の質問文や，疑問詞を含む疑問文等を用いて，好きなことや興味のある物について，好き嫌いやそのなぜ興味があることについて，好き嫌いやそのなぜ興味があることについて，質問して詳しく聞き出したり，相手の質問に新しい情報を加えて応答したりして対話を継続・発展させながら，2〜3往復程度のインタビューの対話をすることができる。

（単元指導計画・本時の展開・目標を具現した発話例）

発表の要素が強い言語活動における目標
- 自分自身や家庭，学校，自分を取り巻く社会等，身近な話題について（話題）
- 自分の考えや気持ち，身の回りの出来事等を（内容）
- 適切な声量で，基本的な音声の特徴をとらえながら（表現方法）
- 中心となる話題に関して5文程度の英文で（程度）
話すことができる。

Unit 10
自分のおすすめの旅行先について，自分が魅力を感じる特徴や自分の思いを，助動詞canを用いたり，表情，視線，声量，適切な身振りなどを工夫して，5文程度の英文で話すことができる。

（単元指導計画・本時の展開・目標を具現した発話例）

第1学年の目標（書くこと）
- 自分自身や家庭，学校，自分を取り巻く社会等，身近な話題について（話題）
- 自分の考えや気持ち，身の回りの出来事等を（内容）
- 文字や符号に関して，語と語の区切りなどに，正しい語順や文同士の適切なつながりに留意しながら（表現方法）
- 中心となる話題に関して5文程度の正しい英文で（程度）
書くことができる。

Unit 11
過去形を用いて，ALTに1年間の学校生活で一番の思い出について，出来事やその時の気持ちが伝わるように文同士の適切なつながりに留意して，5文程度の正しい英文で手紙（絵はがき）を書くことができる。

（単元指導計画・本時の展開・目標を具現した筆記例）

この目標のうち，第3学年の「話すこと [やり取り]」の学習到達目標は右のように設定しています。

ご覧いただくと分かるように，

・話題
・内容
・表現方法
・程度

の4つの要素から目標を構成しています。なぜ，いくつかの異なる要素から目標を構成することになったかを説明します。

中学校第3学年「話すこと [やり取り]」の学習到達目標

第3学年の目標

> **やりとりの要素が強い言語活動における目標**
>
> ・自分自身や家庭，学校，自分を取り巻く社会等，身近な話題について（話題）
> ・客観的な事実や様々な考え等に基づいた自分の意見や主張とその根拠等を（内容）
> ・対話がより継続・発展するよう，聞き手の理解に応じて他の表現で言い直すなどの工夫をしながら（表現方法）
> ・中心となる話題に関して5往復程度の対話で（程度）話すことができる。

学習到達目標について県内の中学校英語科教員等と話し合いを始めた際，まずは，「中学校の各学年の最終段階でどのような生徒にしたいか」という「めざす生徒の姿」のイメージを出し合うことから始めました。

イメージの出し合いをしてみたところ，先生によってイメージする観点が違うことに気づきました。たとえば，「話すこと [やり取り]」の目標のイメージを出し合った際は，「こんな内容を話せる生徒にしたい」と，発話の中身をイメージして意見を言う先生がいました。他方，「〇〇語くらいは話させたい」と，量的なことをイメージする先生もいました。また，「一方的に話すのではなく，相手の理解を確認しながら話せる生徒にしたい」と，話している最中の具体的な姿（私たちはこれを「表現方法」と言っています）に着目して，めざす生徒像を語る先生もいました。そして，発話の中身について発言する先生は，量的なイメージを話す先生の話を聞きながら，「確かに，それぐらいは話せるようにしたい」「いや，もっと話せるようになるのではないか」など，自分が考えていなかった観点からも，めざす生徒の姿を考えはじめるようになりました。

この話し合いを通じて，めざす生徒の姿を共有し，具体化を図るためには，「この観点についてはこのようなことを」「この観点についてはこの程度のことまで」など，観点別に話し合うことでめざす姿を浮き彫りにするとよいという結論に至りました。そこで，それぞれがもつ生徒のイメージはどのような観点からの姿かを整理したところ，上述の4つの要素にまとめることができました。

これらの観点を「学習到達目標を構成する要素」とし，各技能の各学年の目標を設定することにしました。県版到達目標は，岐阜県総合教育センターのウェブサイト（URL: http://www.gifu-net.ed.jp/kyoka/eigo/eigotop.htm）に掲載していますので，興味のある方はアクセスしてみてください。

「話すこと［やり取りの要素が強い］」の学習到達目標（第6学年）

(岐阜市立長良西小学校)

内容	程度	技能
日常生活や身近な話題（将来の夢，訪れたい国，岐阜市の名所や伝統工芸品，1日の生活など）について	聞き出したい情報を得たり，相手に意見を求めたりするなど，1分間の簡単なやりとりの中で	①概ね正確な語順で ②相手の理解を確かめながら ③自分の考えや気持ちなどを，理由を付けて分かりやすく話すことができる。

　そして，目標を具体化するためには目標を構成する要素を決めることが大切であるという考え方を県内に広めました。その結果，ほぼすべての中学校と，教育課程特例校等として教科としての英語教育を実施している小学校の多くは，いくつかの要素からなる学習到達目標を設定するようになりました。たとえば，岐阜市立長良西小学校が設定した「話すこと［やり取りの要素が強い］」の学習到達目標（第6学年）を上に示します。

　なお，長良西小学校は目標を構成する要素を「内容」「程度」「技能」としています。どのような要素を設定するかは，各学校により判断・決定されています。

　長良西小学校は，2014年度より本県の英語拠点校の1校です。加えて，「外国語教育強化地域事業」（文部科学省）の研究校でもあります。文部科学省指定の研究校であることから，岐阜市内の他の小学校とは異なる教育課程を編成・実施しています。第1・2学年は外国語活動として年間18時間，第3・4学年は外国語活動として年間35時間，第5・6学年は英語科として年間105時間の授業時数で授業を行っています。

　長良西小学校は，岐阜市立長良中学校という学校の校区にある小学校で，長良中学校とともに研究校としての取り組みを行っています。両校は，英語教育における小中一貫した学習到達目標を設定しています。その一部である「話すこと［やり取りの要素が強い］」言語活動における目標を図5に示します。この目標の特徴については，後述します。上で紹介した目標はこの一部です。

　なお，長良中学校も，文部科学省指定の研究校であり，県教育委員会指定の英語拠点校です。

図5　岐阜市立長良西小学校・岐阜市立長良中学校「英語科・外国語科」における学習到達目標
　　　「話すこと［やりとりの要素が強い］」

(2017年度)

中学校外国語科の目標
外国語を通じて，言語や文化に対する理解を深め，積極的にコミュニケーションを図ろうとする態度の育成を図るとともに，身近な話題についての理解や表現，簡単な情報交換ができるコミュニケーション能力を養う。

「話すこと」の目標
（自分自身や家庭，学校，自分を取り巻く社会等，身近な話題について）初歩的な英語を聞いて自分の考えなどを話すことができるようにする。

	内容	程度	技能	パフォーマンス課題	作品例
第3学年	日本の文化や社会問題（平和，国際理解，伝統芸能など）について	1分半の不自然な間のないやりとりの中で	①場面や状況を適切にとらえ端的に分かりやすく ②賛成・反対の立場を明確にし，相手の考えとかかわらせて話すことができる。	外国人の友達と「制服は必要か」という議題について議論しています。あなたの考えを分かりやすく，自分の立場を明確にし，相手が納得するように話してください。(1分半)	A: Let's discuss about having a school uniform. What do you think about it? B: ①I'm for the idea. We don't have to think of what to wear. Right? A: ②I don't think so. I want to wear clothes which I like. B: ①You mean, you want to wear cute clothes. A: That's right! I want to express myself with clothes. B: ①I agree. However, if you pay attention to clothes, you will not be able to concentrate during a class. Is that OK? A: No. We're students, so we must study hard. B: Yes. Also, it's reasonable for us to have a school uniform. A: Reasonable? B: Yes. We don't have to buy a lot of clothes, so it's cheap. A: A-ha. It's better for everyone. B: That's right. Nice talking to you.
第2学年	岐阜県の文化や社会問題（環境問題，ロボットなど）について	1分半の不自然な間のないやりとりの中で	①相手の要望に応じて，柔軟に対応しながら ②自分が希望することとその理由を併せて話すことができる。	岐阜大学に来ている留学生が，夏休みを利用して小旅行に出かけようとしています。留学生の要望に応じて，岐阜県内の場所を紹介してください。(1分半)	A: During the summer vacation, I want to visit somewhere in Gifu. Are there any good places? B: ①Which do you like better, eating or shopping? A: ②I prefer eating because I only have ten thousand yen. B: I see. If you want to enjoy delicious foods, you should go to Yoro. A: Yoro? Why? B: Yoro is famous for Hida-beef. You can enjoy delicious beef at a low price. A: How can I get to Yoro? B: Take the JR line from Gifu to Ogaki. Then take the bus from there. A: I see. Thank you. B: You're welcome.
第1学年	学校生活や身近な話題（学校生活，自己紹介，岐阜市のよいところなど）について	1分半の不自然な間のないやりとりの中で	①声量，抑揚，強調，速度などを工夫しながら ②対話の内容を広めるために質問をしたり，受け取った情報から得た自分の考えを入れて話すことができる。	海外からの旅行者から岐阜市のおすすめの場所を聞かれました。岐阜市の魅力が存分に味わえる場所を紹介してください。(1分半)	A: Excuse me? Can you help me? B: Sure. A: I want to enjoy Gifu City today. B: OK. I see. How about Kawara-machi? A: Pardon? B: ①Ka-wa-ra-ma-chi. A: ②What can I do there? B: You can see a great view. I like the beautiful lanterns. A: Nice! Thank you. B: You're welcome.

小学校卒業時の目標
外国語を通じて，言語や文化について体験的に理解を深め，積極的にコミュニケーションを図ろうとする態度の育成を図り，身近で簡単なことについて外国語の基本的な表現にかかわって，聞くことや話すことなどのコミュニケーション能力の基礎を養う。

「話すこと」の目標
コミュニケーションを行う目的，場面，状況等に応じて，外国語や表現方法を選び，適切に自分の考えや気持ちを話すことができるようにする。

	内容	程度	技能	パフォーマンス課題（聞くことと同様）	作品例
第6学年	日常生活や身近な話題（将来の夢，習いたい国，岐阜市の名所や伝統工芸品，1日の生活などについて	聞き出したい情報を得たり，相手に意見を求めたりするなど，1分の簡単なやりとりの中で	①概ね正確な語順で ②相手の理解を確かめながら ③自分の考えや気持ちなどを，理由を付けて分かりやすく話すことができる。	長良川の鵜飼いを見るために，鵜飼い観覧船に乗りました。偶然にも，アメリカからの留学生（12歳）と隣の席になりました。岐阜市の名所や名品などについて分かりやすく教えましょう。(1分)	S: ②Do you know Gifu Castle? I like Gifu castle. ③So I want to introduce Gifu Castle. ALT: Gifu Castle. Sounds nice. S: Yes. ①It's on the Mt.Kinka. Look. ③It's very cool. ②What do you think? ALT: Oh, that's Gifu Castle. Beautiful.
第5学年	日常生活や身近な話題（好きなオリンピックの種目，レストランなどでの注文や買い物，簡単な道案内など）について	聞き出したい情報を得たり，相手に意見を求めたりするなど，1分の簡単なやりとりの中で	①語順を意識し ②相手の理解を確かめながら ③自分の考えや気持ちなどを，理由を付けて分かりやすく話すことができる。	2020年のオリンピックに向けて，ボランティアの募集がきています。実際に，あなたがおすすめしてほしいと頼まれました。観光客（ALT）に分かりやすく紹介しましょう。(1分)	S: ②Do you know Uchimura Kohei? ALT: No, I don't. Please tell me. S: OK. ③He is a good gymnast. ①Gymnastic is popular in Japan. ②Do you know gymnastic? ALT: Yes. I like it. S: Nice. Please see it. Thank you.

小学校中学年修了時の目標
外国語を通じて，言語や文化について体験的に理解を深め，積極的にコミュニケーションを図ろうとする態度の育成を図り，外国語の音声等に慣れ親しませながら，コミュニケーション能力の素地を養う。

「話すこと」の目標
コミュニケーションを行う目的，場面，状況等に応じて，外国語や表現方法を選び，自分の考えや気持ちを話すことができるようにする。

	内容	程度	技能	パフォーマンス課題（聞くことと同様）	作品例
第4学年	身近な話題（好きな教科，岐阜市の名所や伝統工芸品，将来の夢など）について	自分がもっている情報や自分の気持ちを伝える1分の簡単なやりとりの中で	①概ね正確な発音で ②相手の理解を確かめたり ③自分の考えや気持ちを自分から話すことができる。	あなたは，アメリカの学校に転校することになりました。今日は，転校した初日です。教室で担任の先生（EF）と初めて出会います。担任の先生（EF）は，あなたがどんな子かを知りたいようです。英語で自分のことを自分から紹介しましょう。(1分)	S: My name is Nishio Nagara. ①③I like English. ①②Do you like English? EF: Yes, I like English. S: It's nice. And ①③I want to be a doctor. Thank you.
第3学年	身近な話題（長良の町，1日の生活，自分ができることなど）について	真似て発音したり自分の気持ちなどを交換する30秒の簡単なやりとりの中で	①真似て発音したり ②相手の理解を確かめたりしながら ③自分の考えや気持ちを話すことができる。	あなたのクラスにアメリカから転校生が来ました。あなたは今週の日曜日にサッカーをして遊びたいと思っています。都合を聞いて，サッカーをする約束をしましょう。(30秒)	EF: Hello. How are you? S: I'm fine. Thank you. ②What do you do on Sunday? EF: I play soccer. S: Nice. ③Let's play soccer at 3:00.
第2学年	日常生活や身近な話題（好きな色や形，七夕，好きな食べ物，好きな動物など）について	「はい。」「いいえ。」で答えることができるなど，30秒の簡単なやりとりの中で	①聞かれたことについて ②聞いた言葉を真似て ③相手の顔を見ながらはっきりと話すことができる。	EFの先生と好きなことについてお話ししよう。(30秒)	S: ①②③I like red. EF: Oh, you like red. Nice. What food do you like? S: ①②I like hamburgers.
第1学年	日常生活や身近な話題（数，色，形，果物，野菜，動物など）について	「はい。」「いいえ。」で答えることができるなど，30秒の簡単なやりとりの中で	①聞かれたことについて ②聞いた言葉を真似て ③相手の顔を見ながら話すことができる。	EFの先生と好きなことについてお話ししよう。(30秒)	S: ①②③Gorilla. EF: That's right. Do you like gorillas? S: Yes. ①②③I like gorillas. EF: Good. See you. S: See you.

(2) 目標を達成した発話例を英語で表記する

　学習到達目標の明確化を図るために必要なもう一つのことは，目標として設定したことを達成した際の発話等を英語で表記することです。ただし，英語で表記する目的は，このとおり発話させるためではなく，目標の具体的なイメージを学校内で共有するためです。

　以下に例を一つ紹介します。前節で紹介した岐阜市立長良西小学校は，学習到達目標を達成した対話例をパフォーマンス課題とともに以下のように示しています。

第6学年におけるパフォーマンス課題と対話例（岐阜市立長良西小学校）

パフォーマンス課題
長良川の鵜飼いを見るために，鵜飼い観覧船に乗りました。偶然にもアメリカからの留学生（12歳）の隣の席になりました。 　岐阜市の名所や名品などについて分かりやすく教えましょう。(1分)

対話例
S: Do you know Gifu Castle? I like Gifu Castle. So I want to introduce Gifu Castle. ALT: Gifu Castle. Sounds nice. S: Yes. It's on the Mt. Kinka. Look. It's very cool. What do you think? ALT: Oh, that's Gifu Castle. Beautiful.

　長良西小学校は，学習到達目標を達成した児童の対話例を英語で表記しています。

　学習到達目標は全国の多くの中学校で設定されているでしょう。本県でも全中学校で設定されています。しかし，その多くは学習指導要領で示されている目標と同様，日本語で表記されているのではないでしょうか。日本語で表記された目標は必要ですが，それだけでは不十分です。なぜならば，設定されたその目標の内容（ここで示している発話例）を校内の教員同士で共有しにくいからです。さらに言えば，目標を設定した教員自身も，「この目標が達成された子どもの姿とは具体的にはどのような姿なのか」「どのようなことを話せるようになればよいのか」と問われた場合，明確に説明できない場合があるのではないでしょうか。たとえば「身近な事柄について簡単な語句や基本的な表現を使って話すことができる」という目標を設定している場合（そもそも，学校が設定する目標として，このような目標は曖昧すぎて不適切といえますが），子どもたちがどのような発話ができるようになることを，この目標は指しているのか，その具体例を示していないと，指導に生きる目標を

設定したとはいえません。ただ目標を設定しただけで終わってしまう恐れがあります。

　小学校で教科「英語科」が実施されれば、中学校だけではなく小学校においても学習到達目標の設定が必要になるでしょう。したがって、中学校だけではなく小学校においても、先に紹介した長良西小学校のように、目標の内容（発話例）を英語で表記することが必須と考えます。

　別の実践を2つ紹介します。

　1つめの大垣市立小野小学校は、「考えながら話す」に関する学習到達目標を設定しています。「考えながら話す」言語活動を、「やり取りの要素が強い言語活動」と「Show and Tell の要素が強い言語活動」の2つに分けて捉え、それぞれについて各学年の目標を設定しています。

　図6に、「Show and Tell の要素が強い言語活動」における学習到達目標を示します。同校及び

図6　「Show and Tell の要素が強い言語活動」における学習到達目標

（大垣市立小野小学校）

学年	話すこと 学習到達目標	考えながら話す	
		話し手として(A)	聞き手として(B)
1年 2年	・習った英語やジェスチャーを用いて欲しい物や数などをはっきり伝えたり尋ねたりすることができる。 ・簡単なあいさつやお礼などを言うことができる。	・短いやりとりにおいて、自分の好みを話すことができる。 ・買い物などの場で自分の欲しいものや数を伝えることができる。 B：What can you do? A：I can ～ (very) well. B：Good job. （2年 できるようになったよ）	・相手の質問を理解し、簡単な英語で答えることができる。 ・相手の好みや気持ちを聞き取り、言葉を繰り返して確認することができる。
3年	・習った英語表現やジェスチャーを用いて、伝えたいことが相手に分かるようにはっきりと話すことができる。 ・パターンにしたがって、2文程度で話したり質問したりすることができる。	・買い物などの場で、目的や自分の好みに合わせて欲しいものを選び、伝えることができる。 ・見たことや聞いたことについて、短いコメントを即興的に話すことができる。 A：What's this? B：It's a ～． A：OK. (Me, too.) Here. Circle or rectangle? B：Rectangle, please. It's ～． A：Yes, that's right. / No. 　I like ～. OK? ← B：OK./ Me too. （わたしのたいせつなもの）	・相手の話す英語を言葉や表情・動作などで反応しながら聞くことができる。 ・相手の好みや気持ちを聞き取り、言葉を繰り返したり、OK?と確認したりしながら聞くことができる。
4年	・習った英語表現やジェスチャーを適切に用いて、相手の様子を見ながら分かりやすく話すことができる。 ・パターンにしたがって、3文程度で話したり尋ねたりすることができる。	・買い物や自分の好みに合わせたり、相手の説明を聞いたりして欲しいものを選び、伝えることができる。 ・見たことや聞いたことについて、短いコメントを即興的に話すことができる。 A：This is my day. I go to school at seven. B：At 7:00? Oh, it's early! A：I have lunch at twelve. B：Me too. A：I study Japanese at ten. B：Really? It's late! （Good Morning?）	・相手の話す英語を言葉や表情・動作などで反応したり、内容を類推したりしながら聞くことができる。
5年	・相手が理解しているかを確認しながら適切な声量で明瞭に話したり、実物を指し示しながら話したりすることができる。 ・既習の英語表現を用いて、3文程度の情報を伝えることができる。	・Show and Tell などの場面で、自分が紹介したい内容を3文程度の文で話すことができる。 ・見聞きしたことについて、短いコメントを即興的に話すことができる。 A：This is my original pizza. 　"Gudakusan pizza." B："Gudakusan pizza." A：I have corn, spinach, eggplant. 　I like vegetable. B：Oh, You like vegetable. A：What do you think? B：I think it's nice. （オリジナルピザを作ろう）	・相手が話したことを、主語を you にかえて繰り返したり、簡単な英語を用いて反応したりすることができる。
6年	・相手が理解しているかを確認しながら話し、必要に応じて繰り返したり言い換えたりするなど工夫して話すことができる。 ・既習の英語表現を用いて4文程度の情報を伝えることができる。	・Show and Tell などの場面で、自分が紹介したい内容を4文程度の文で話すことができる。また、見聞きした相手からの質問に即興的に答えることができる。 ・見聞きしたことについて、短いコメントを即興的に話すことができる。 A：Welcome to the Australia corner. I have an Australia tour. Australia is famous for Ayers Rock. You can climb in the morning. Do you want to try? B：Yes. A：OK. You can eat fish and chips for lunch. Do you like animals? B：Yes. A：OK. In the afternoon, you can see koalas. You can touch koala. A：They are cute. B：You can eat seafood for diner. A：I like seafood! B：What do you think? A：I think it looks delicious. （世界旅行に出かけよう）	・相手が話したことを、主語を you にかえて繰り返したり、簡単な英語を用いて反応したりすることができる。 ・既習の英語表現を使って簡単な質問をしたり確認したりしながら聞くことができる。

大垣市立中川小学校は，文部科学省指定の研究校（外国語教育強化地域拠点事業）です。また，2014年度からは本県の英語拠点校としての取り組みを行っています。年間の授業時数は，両校とも，第1, 2学年は外国語活動として35時間，第3, 4学年は英語科として70時間，第5, 6学年は英語科として105時間（そのうち35時間は短時間学習として実施）です。

小野小学校の目標の特徴は，「話すこと」の目標とは別に，「考えながら話す」ことに特化した目標を設定していることです。「考えながら話す」ことの目標の特徴は以下の通りです。

・話し手としての目標と聞き手としての目標が設定されている。
・学年の段階性が表されている。
・「買い物などの場で」や「見たことや聞いたことについて，短いコメントを」など，児童に取り組ませる言語活動が具体的に想定されている。
・目標を達成した児童の発話例が英語で表記されている。

2つめは，恵那市立三郷小学校の実践です。「考えながら話す」ことについての学年の目標を設定しています（図7）。同校は2016年度から本県の英語拠点校，そして教育課程特例校でもあり，1年生から外国語活動の実践を行っています。外国語活動の年間授業時数は，1, 2年生が30時間，3

図7　外国語活動「考えながら話す姿」学年目標【3〜6年生】

(恵那市立三郷小学校)

	話す（やり取り）①内容 ②思考 ③態度	聞く ②思考 ③態度	話す（発表）①内容 ②思考 ③態度
6年 5年	①日常生活に関することや自分の気持ち，調べて分かった事実について，既習表現を用いて，2〜3往復程度で伝い合う。 ②相手の理解や考えに配慮しながら情報の伝え方を考えたり，対話がより継続・発展する方法を考えたりする。 ③必要な情報をよりよく伝え合えるようリピートや強調など表現を工夫したり，即興的に新しい情報を付け加えたり，言い換えたりしている。 A: Where do you want to go? B: I want to go to the sea. A: What do you want to do there? B: I want to swim. I like Hawaii. How about there? A: Hawaii? O.K. But it's too much money. ...	②話し手の表現したい考えや気持ち，事実などについて，自分と比べたり，さらに詳しく知りたいことを考えたりしながら聞く。 ③話に対して，即興的に適切な英語を用いてリアクションやリピートをしている。 It's nice (good / cool / cute / beautiful). I like 〜. Looks 〜. Sounds 〜. I can 〜. → You can 〜?（リピート）など また，相手の考えや気持ちをより詳しく知るためアスキングしながら聞いている。 What's that? Why 〜? Can I 〜? など A: What do you like about Japan? B: Food. A: What food do you like?	①日常生活に関することや自分の気持ち，調べて分かった事実について，伝えたい内容を整理し，3〜4文程度で話す。 ②聞き手の理解や考えに配慮しながら，よりよく伝える方法や，話題に聞き手を巻き込む方法を考える。 ③聞き手の理解を確かめながら，聞き手によりよく伝わるようリピートや強調など表現を工夫したり，即興的に言い換えたりしている。 What do you think? How about you? I like it because 〜. I think it's 〜. など
4年 3年	①自分のことや身の回りの物，自分の考えや気持ちなどを，既習表現を用いて1〜2往復程度で伝い合う。 ②相手の理解や考えに配慮しながら，情報の伝え方を考えたり，対話がより継続・発展する方法を考えたりする。 ③相手によりよく伝わるようポインティングやジェスチャー，強調など表現を工夫して話している。 I like sports. I play tennis.	②話し手の表現したい考えや気持ち，事実などについて，大切な言葉や相手の話ぶりから，話のポイントを整理しながら聞く。 ③話に対して，確認，同意などしながら即興的に短い言葉でリアクションしている。 Oh! Good / Cool / Cute / Nice / Beautiful. Really? Oh, me too. Yes. など また，相手の考えや気持ちなど大切なことを確実に聞き取るために，リピート（単語を上昇口調で聞き返す）しながら聞いている。 I like baseball. Baseball? など	①自分の気持ちや身の回りの物，自分の考えや気持ちなどを，既習表現を用いて1〜2文程度で話す。 ②聞き手の理解や考えに配慮しながら，聞き手によりよく伝わる方法を考える。 ③相手の理解を確かめながら，聞き手によりよく伝わるようポインティングやジェスチャー強調など表現を工夫して話している。 OK? All right?

年生以上が35時間です。

　三郷小学校の目標には,以下の特徴が見られます。
- 「話すこと[やり取り][発表]」と「聞くこと」の3つの領域の目標のうち,「考えながら話す」ことに関係する内容を「『考えながら話す』ことの目標」としてまとめて示されている。
- 学年の段階性が表されている。
- 「話すこと[やり取り][発表]」は「内容」「思考」「態度」の3つの要素から,「聞くこと」は「思考」「態度」の2つの要素から目標が設定されている。
- 目標を達成した児童の発話例が英語で表記されている。

(3) 話題別や活動別の目標も設定する

　話題別や活動別の目標の設定は,上述の(1)や(2)とは違い,必ずしなければならないことではありませんが,設定することができれば繰り返しの指導がより行いやすくなると思います。なぜなら,同一の話題であればそこで使用する英語表現は類似のものになりやすいため,英語表現の繰り返しの使用にも資すると考えるからです。

　岐阜市立長良東小学校は,校区の岐阜市立東長良中学校と連携し,領域別の学習到達目標とは別に話題別の学習到達目標も設定しています。

　長良東小学校では,
- 児童にとって身近であること
- 児童にとって伝え合う値うちがあること
- 中学校でも無理なく設定ができるよう,教科書で取り上げられている話題であること

の3点から,図8にある6つの話題を決定し,それぞれについて各学年の目標設定を行いました。

　次頁に,6つの話題のうち,「学校・ふるさと」の第5学年及び第6学年の学習到達目標及びそれらの目標を達成したやり取り例を示します。

図8 「話題別学習到達目標」における「話題」

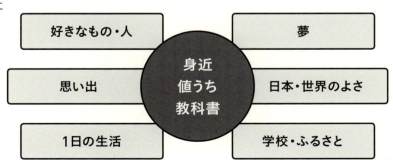

<第5学年> 話題：学校・ふるさと

【学習到達目標】

・自分たちの学校や長良の町について（話題）
・話し手は，学校や町のよさや魅力（好きなところ・何ができるのか等）とその理由，自分の気持ちなどを（内容）
・I like 〜 because … . や I can〜. 等の英語表現を用いて話しながら
・聞き手は，相手の発話を繰り返す，相手の発話内容について簡単な感想を述べるなどの対話方略を用いて聞きながら

3往復程度の対話をすることができる。

【学習到達目標を達成したやり取り（例）】

A: What do you like about Nagara?
B: I like Nagara River because it's clean.
A: You like Nagara River. Sounds nice. It's clean.
B: Yes. And I like fishing, so I like Nagara River.
A: Oh, you like fishing. Me too.
B: It's exciting.

<第6学年> 話題：学校・ふるさと

【学習到達目標】

・自分たちの学校や長良の町，岐阜市，岐阜県について（話題）
・話し手は，自分たちの学校や長良の町，岐阜市，岐阜県のよさや魅力，できること，名所・名産品や自分のお気に入りのポイントとその理由などを（内容）
・I like 〜 because… . や You can 〜. 等を使って話しながら
・聞き手は，相手の発話を繰り返す，相手の発話内容について簡単な感想を述べる，相手が言ったことに関する即興的な質問をするなどの対話方略を用いて聞きながら（表現方法）

4往復程度の対話をすることができる。

【学習到達目標を達成したやり取り（例）】
A: What do you like about Nagara?
B: I like Gifu Castle. It's cool.
A: You like Gifu Castle. Sounds nice. Why is Gifu Castle cool?
B: The shape is nice. Gifu Castle is on Mt. Kinka, so you can enjoy climbing. It's fun.
A: That's good. Do you like climbing?
B: Yes, I like climbing very much.
A: Climbing is hard?
B: Yes, but it's very fun.

長良東小学校の目標には，以下の特徴が見られます。
・話し手としての目標と聞き手としての目標が設定されている。
・学年の段階性が表されている。
・「話題」「内容」「表現方法」「程度」及び「主に使用させたい英語表現」の5つの要素から目標が設定されている。
・目標を達成した児童の発話例が英語で表記されている。

なお，話題別のほか，機能別や活動別などの目標も設定できます。「その目標を設定することで繰り返しの指導がしやすくなるか」という視点から，領域別以外の目標設定についても検討する価値はあると考えます。

3 言語活動を工夫する

「考えながら話す」言語活動には即興性が必要です。言語活動に即興性を付与するための工夫について，恵那市立三郷小学校の例を紹介します（図9，次ページに掲載）。

図9に，「覚えたことをA→B→A→Bと言い合うだけではない，自然なコミュニケーションにするには？」と書かれている箇所があります。同校においても，前節で述べた「暗記・発表の要素が強い授業」に対する課題意識をもち，その課題を克服するために，「『考えて話す』必然性を生む活動」の設定を工夫しています。

児童が取り組んだ活動は「最高のランチメニュー作り」です。教室内に設けられたいくつかの国のフードコートを模した机へ行き，英語でやり取りしながら，自分のためのランチメニューを選びます。通常はこの活動で授業を終えるのですが，その後，もう一つ別の活動が準備されていました。「自分

のためではなく,家族のためのランチメニューを作ってみよう」という活動です。「家族のための」という目的をその場で児童に伝えることで,言語活動に即興性をもたせようとしたわけです。実際の授業においては,自分の家族の食の好みや健康状態などをその場で考えながら,父親のためのメニュー,母親のためのメニュー,兄弟のためのメニューなどを楽しく作っている児童の姿が見られました。即興的な言語活動に対して臆することなく既習表現を想起しながら使用している児童の姿から,彼ら／彼女らの可能性や潜在能力の高さを感じさせられました。

三郷小学校のもう一つの実践を紹介します（図10, 次ページに掲載）。

「おすすめの〇〇紹介」という言語活動は,多くの小学校で実践されているのではないでしょうか。本実践も,「おすすめの旅行プラン紹介」という活動です。「おすすめの〇〇紹介」は,自分で紹介する（すすめる）内容を決めているということもあり,児童には好評な活動の一つです。本実践でも,児童は,学級の仲間やALTにすすめたい旅行プラン（ツアー）について,大変意欲的に話しました。

ただし,このような活動は,ともすると,「準備して取り組む活動」だけになりがちです。児童は紹介することを準備し,実際の活動では,写真なども使いながら一生懸命話しますが,一方的に話すという状態になることが少なくありません。

図9　「伝え合う」必然の生まれるアクティビティの開発【実践例】

(2017年度　恵那市立三郷小学校)

7月　5年「最高のランチメニューを作ろう」

覚えたことをA→B→A→Bと言い合うだけではない,自然なコミュニケーションにするには？

課題 『考えて話す』必然性を生む活動

工夫
- (前半) いろいろな国のフードコートで「自分のためのメニュー」を選ぶ。
  (後半)「家族のためのメニュー選び」をプラスすることで,「考えて話す」設定を行い,レベルアップを図る。
- 時間ごとに,段階的にリアクションの仕方などを加え,Small Talk の指導をする。

成果
- Small Talk の取り組みの中で,本単元の英語表現に慣れ親しむことができた。
- Half Time の指導で,後半の活動がよりよくなった。課題に迫る効果的な指導ができた。
- それまでの学年での活動の積み重ねで,自然なリアクションが生まれた。

- 食べてみたい外国の料理が言えた。
- がっつり食べたいお父さんや,甘いものが好きな妹に合わせたメニューを考えて言えた。
- Small Talk で,話すことが楽しくなった。

そこで，三郷小学校は，本活動中に，説明している相手（お客さん役の児童またはALT）に，"Do you like ～?" と 自分がすすめたプランの内容について相手が気に入ったかどうかを尋ねさせることにしました。相手（お客さん）が "Yes." と言ってくれれば，そのまま準備した内容を話し続ければよいのですが，"No." と言われてしまったときが，「ツアーガイド」の腕の見せどころです。お客さんに「楽しそう！」と思ってもらうために，紹介しているツアーの内容がいかに楽しいものであるかを宣伝しないといけません。このことにより，既習表現を駆使して話す必然を生み出そうとしたわけです。

以上，「考えながら話す」力を育てるための言語活動の工夫について述べてきました。

児童は，これらの言語活動に十分に取り組むことができたのか，即興的に話すことができたのか，ということを気にされるかもしれません。活動だけさせても即興で話せるようにはなりません。そこには，即興で話すことができるようになるための指導が必要です。その指導については，後述します。

また，これらの言語活動は大変効果的な活動ですが，一方で，いざ実際に実施しようと思ったときに大変な面もあります。それは，授業準備に時間がかかるということです。

そこで，準備の時間がほぼゼロで，かつ「考えながら話す」力を育てることができる言語活動を紹介します。それは，Small Talk という言語活動です。次節以降，本活動を取り上げ，具体的に説明します。

図10 「伝え合う」必然の生まれるアクティビティの開発【実践例】

(2017年度　恵那市立三郷小学校)

1月　6年「希望にあったツアーをおすすめしよう」
・「覚えて話す」だけではない，「考えながら話す」設定にしたい。 ・「伝え合える楽しさ」を実感させたい。

↓

課題　『考えて話す即興的な会話』

↓

工夫
・既習表現を活用し，形容詞などをプラスさせながら Small Talk を行う。
・「お客さんの意向を聞き，希望にあったツアーを選択して伝える」設定
・"Do you like ～?" と相手の好みを尋ね，即興的に考えておすすめする活動

成果
・「相手の意向を聞く」ことで，「考えながら話す」より自然なコミュニケーションに近づくことができた。
・今まで分からなかった表現を自ら積極的に求めていく態度を養うことができた。

↓

・自分のすすめたいツアーが紹介できた。
・希望に合ったツアーがないときは，相手の好きなことを聞き出して，すすめるのも一つの方法だ。
・Small Talk で，相手と話し続けることが楽しくできるようになった。

4 指導内容を重点化する(Small Talk の場合)

「考えながら話す」力を育てるための言語活動はいくつもありますが、ここでは、Small Talk という活動を取り上げます。

Small Talk とは、新学習指導要領全面実施に向けた 2018 年度からの移行措置及び先行実施の期間に活用されることを意図して文部科学省により作成・配布される高学年用の新教材(以下「文科省新教材」という)に対応した学習指導案に位置付けられている活動です。ここで、当該学習指導案において Small Talk がどのような言語活動として位置付けられているか、簡単に説明します。

文科省新教材に対応した学習指導案における Small Talk について

- 第5学年及び第6学年に位置付けられている。
- おおよそ2単位時間に1回の割合で位置付けられている。
- 授業の冒頭の約10分の時間が割り当てられている。
- 既習表現の定着が主なねらいである。
- 5年生の Small Talk は、主として教師と児童によるやり取りの活動であり、6年生の Small Tlak は、児童同士によるやり取りの活動である。
- いずれの学年においても、Small Talk で取り扱われる話題は、児童にとって身近で簡単な話題である。

「思考・判断しながら繰り返し英語表現を活用して自分の本当の考えや気持ちを表現する」活動として、Small Talk は大変適した活動です。ほぼ毎時間児童が取り組むことになるという点からも Small Talk は効果が期待できます。

岐阜市立長良東小学校では、2015年度から、高学年において毎時間 Small Talk の実践を積み重ねてきました。2016年度からは中学年でも実践を始めています。前節で長良東小学校が話題別の目標を設定していると述べましたが、実はこの目標は、Small Talk における目標です。

ここで、長良東小学校の5年生で行われた Small Talk で児童 (S_1 と S_2) が実際にやり取りした対話を再掲します。

S_1: What do you like about Japan?
S_2: Well..., food.
S_1: Food. I see. Why do you like it?

S2: Ah... because it's yummy.
S1: OK. What Japanese food do like?
S2: I like *sashimi*.
S1: Ah, you like *sashimi*. Me too. What *sashimi* do you like?
S2: I like tuna.
S1: Me too. I like tuna very much. It's delicious. ...

この対話には，これまでの指導により児童ができるようになってきた発話がいくつかあります。それは以下のとおりです。

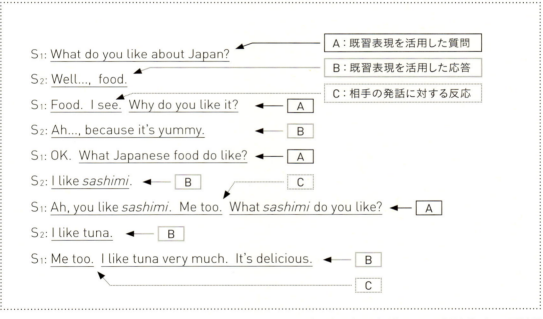

※本対話で2人の児童が使用している英語表現はすべて既習表現

　Aは，既習表現を活用して質問をしている発話です。
　Bは，対話相手からの質問（A）に対して，既習表現を使ってその場で応答している発話です。
　Cは，相手の応答（B）を聞いて，言ったことを繰り返して確認したり，ひと言感想等の言葉を返したりなど，相手の発話に反応する発話です。
　このようなやり取りができるようになってきているのは，指導者が Small Talk において，めざす対話をイメージし，そのために指導すべき内容，つまり指導内容を明らかにして，その内容を毎時間指導し続けたからです。ここで，指導内容を次に示します。また，それを表した図も併せて示します。

> A：既習表現を活用して，相手に質問すること
> B：既習表現を活用して，相手からの質問に応答すること
> C：相手の発話を繰り返したり定型表現を使って感想を述べたりなど，相手の発話に対して反応すること

※ AとBについては，
・既習表現ばかりではなく，活動中に新たな表現を指導し使用させることもある。
・言いたいこと（聞きたいことや応答として述べたいこと）をそのまま表現できない場合，表現したいことと近い内容に言い換えて表現させることを含む。

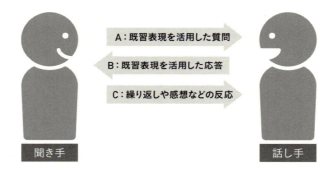

Small Talkは，いくつかの小学校で行われはじめています。また，中学校の英語の授業ではこれまでも実践されてきたのではないでしょうか。

しかし，残念ながら，Small Talkが単なるウォーミングアップの活動になってしまっているケースも散見されます。

Small Talkは，児童に力をつけるための活動です。授業におけるメインアクティビティに十分なりうるこの言語活動を，アイスブレーキングのような軽い扱いにするのは大変もったいないことです。このことを指導者が十分肝に銘じて実践し，「活動あって学びなし」にならないようにしなければいけません。そのためには，Small Talkで何を指導するのかという指導内容を，指導者が明確にすることが大切です。

恵那市立三郷小学校では，次のような捉え方のもと，全校体制による実践がされています。

図11　指導過程の工夫

Small Talkとは 「考えながら話す」力の基礎を培い，「伝え合う楽しさ」を味わう場		
4年生	5年生	6年生
◇ペアで ◇自然な会話の始め方・終わり方や，伝え合う内容を考えて ◇既習表現が使える楽しさを感じさせながら ・短い言葉のリアクション，ジェスチャー，リピートなど表現を増やして ◇1～2往復程度で	◇どんな相手とでも ◇会話が継続する方法を考えて ・既習表現を想起して ・リアクションやリピートなどをして ・話題に関わってアスキングして ◇話題が広がる楽しさを感じさせながら ◇2～3往復以上で	◇決まった時間，会話を続けて ◇よりよく伝わる方法や，会話がより継続する方法を考えて ・新しい情報を付け加えたり，言い換えたりして ・リアクションやリピートをして ・話題に関わってアスキングして ◇互いに理解し合う楽しさを感じさせながら ◇3～4往復以上で

指導のポイント

★ 児童が興味関心のある身近なトピックで，自分自身の本当の気持ちや事実を伝え合わせる。
★ 表現内容のやりとりを楽しませる。
★ 会話を続けられることができるような表現を，段階的に加えていく。
★ すらすら話すことではなく，つたなくても既習表現等を駆使して伝え合っている姿を評価する。
★ 「困り感」を取り上げ，既習表現等を駆使し自分の言いたいことを伝える経験を積ませる。

　三郷小学校では，英語指導を改善するための方途の一つとしてSmall Talkの実践を取り上げています。そこで，Small Talkとは，どのようなことをねらいとして行う，どのような言語活動であるのかについて図11のようにまとめ，教員間で共通理解を図っています。実践の主な特徴は以下のとおりです。

・Small Talkをどのような活動としたいかについて示されている（「考えながら話す」力の基礎を培い，「伝え合う楽しさ」を味わう場）。
・学年の段階性が表されている。
・指導のポイントが簡潔にまとめられている。それらのポイントは，指導観に関すること（「すらすら話すことではなく……」）や，指導過程に関すること（「困り感を取り上げ，既習表現等を駆使し……」）など，「考えながら話す」力を育てるうえで大切な観点からまとめられている。

5 既習表現を想起させる

前節でSmall Talkでの3つの指導内容を示しました。

これら3点のうちAとBに共通していることは「既習表現を活用させる」ということです。

既習表現を活用する際に大切なことは，自分で既習表現を想起することです。つまり，

自分が言いたいことを英語で言うために使える英語表現を，自分の力で記憶の中から引っ張り出すことができるようにすることです。既習表現を想起する力は，「考えながら話す」力を育てるうえで必須です。

そこで，ここでは，Small Talkを例にあげ，既習表現を想起することができるようにするための指導上のポイントを示します。

まず，Small Talkの指導過程を以下に示します。

Small Talkにおける指導過程

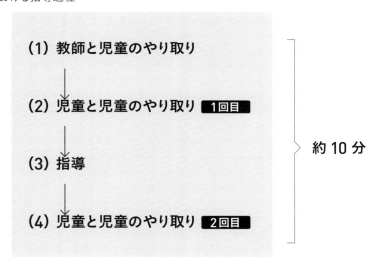

このような過程で指導する理由は次のとおりです。

児童が，自力で既習表現を想起するためには，言いたいことを英語ですぐに言うことができずに悩んだり困ったりする状況が必要です。児童が活動（やり取り）に取り組む前に，手取り足取り指導

することはやめなければなりません。まずやらせてみる（対話させてみる）ことが大切なのです。

したがって，「まずやってみて（対話して）」→「思い出して」→「思い出したことを意識して使う」という過程での指導が必須です。

とはいえ，いきなりやらせても，多くの児童は手も足も出ないでしょう。これでは，活動への意欲も自信も低下させる心配があります。そこで，「まずやってみて」の前に，活動（Small Talk）への見通しをある程度はもたせるための指導が必要です。

以上のことからSmall Talkの指導は，次の過程で指導することにより指導の効果を高めることができると考えます。

既習表現を想起させるために必要な過程

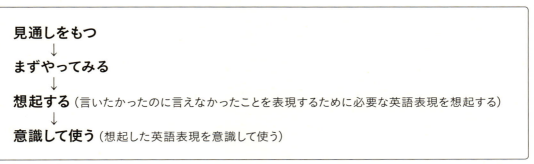

この過程をSmall Talkの指導過程に当てはめると，次のようになります。

Small Talkにおける指導過程

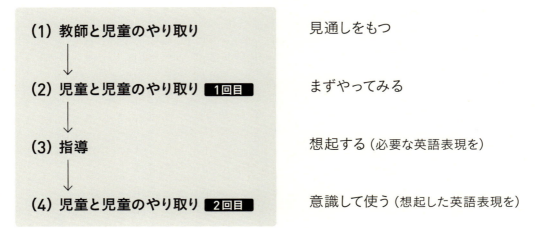

次に，上の図の (1) と (3) についてくわしく説明します。

(1) 教師と児童とのやり取り（見通しをもつ）

ここでのポイントは，

> 教師が児童と意味ある内容のやり取りをすること。決して，「モデル提示」という意識をもって行わない

ということです。

「モデル提示」という指導は，その後の活動への見通しをもたせることはできますが，ともすると，その「モデル」の模倣を促すということになってしまう場合もあります。つまり，「暗記・発表型の授業」になってしまう危険性を内包しています（「暗記・発表型の授業」なので「モデル提示」という手法が採用されると言った方が正確かもしれませんが）。

以下に，意味ある内容のやり取りをしている教師（T）と児童（S）の例を示します。このやり取りは，岐阜市立長良東小学校で行われました。

```
T : S₁ san, what do you like about Japan?    ← a
S₁: I like Japanese food.
T : You like Japanese food. Sounds nice. Do you like Japanese food, S₂ san?   c / b
S₂: Yes.
T : Yes. O.K. S₃ san, do you like Japanese food?    ← b
S₃: Yes.
T : Yes. O.K. S₁ san, what Japanese food do you like?   ← a
S₁: I like … sushi.
T : Oh, you like sushi. Do you like sushi?（と，みんなに問う）   c / b
Ss: Yes! Yes!（と言って，ほぼ全員の児童が手をあげながら言う）
T : Oh, sushi is very popular.（S₁ さんを指しながら）…
```
この後，児童と児童のやり取り【1回目】へ。

※なお，この様子は，放送大学で開講されている「小学校外国語教育教授基礎論（文部科学省推奨）」で映像を見ることができます。本科目は，2017年度から5年間開設されているもので，履修期間は半年，その期間に15回の講義が準備されています。授業の様子を多く見ることができることに加え，文部科学省の教科調査官や大学教授が講師となり，理論等についても学ぶことができます。興味のある方は，放送大学に問い合わせてみてください。

a について

　意味ある内容のやり取りをしながら、「質問のしかた」を見せて（聞かせて）います。ここでの「質問のしかた」とは、質問するときの英語表現と、その表現の使い方（どのような発話に対してどのような質問をすればよいのか）を指します。

　その際、先生は、「これから始めるSmall Talkでは、"What Japanese food do you like?" や "Do you like 〜?" を使うのですよ」と言ったりはしません。また、やり取りのあとに、「先生は今どんな英語表現を使っていましたか」などと確認することもしません。児童の意識を意図的に英語表現に向けさせるような指導はしないということです。あくまでも、意味ある内容のやり取りをし、やり取りしている内容に意識を向けさせます。そのなかで、英語表現に対する気付きを促します。

b について

　意味ある内容のやり取りをしながら、自然な流れを保ったまま、別の児童に質問するなどして児童全員が参加できるようにしています。

　S_1が答えた内容に関連したことをS_2に聞き、S_2が答えた内容に関連したことをS_3に聞き、S_1が答えた内容に関連したことを全員に聞き、といった具合に、教師と1人の児童との1対1のやり取りにせず、そのほかの児童もやり取りに参加できるようにし、全員の学習が成立するよう配慮しています。

c について

　意味ある内容のやり取りをしながら、反応のしかたを見せて（聞かせて）います。具体的には、"I like *sushi*." と答えた児童の発話を捉えて、"Oh, you like *sushi*." と相手が言ったことを繰り返したり、"Sounds nice." といった感想を言ったりしています。

　指導上のポイントをまとめると以下のようになります。

「教師と児童とのやり取り（見通しをもつ）」における指導上のポイント

○意味のある内容のやり取りをする。
○そのやり取りを見せる（聞かせる）ことにより、
　・質問のしかた
　・反応のしかた
　に気づかせる。「〜と聞きなさい」「〜と反応しなさい」とは言わない。
○全員の気付きを促すために、対話していない児童も巻き込む。

　最後に、小学校の先生方の「英語力」について述べます。

意味のある内容を英語でやり取りすることについて,「私にできるだろうか」と不安に思われる先生がいらっしゃると思います。
　確かに,一定程度の英語力は必要です。しかし,先のやり取りで教師が話している英語を再度読み返してみてください。難しい英語は使っていません。相手が児童なのだから当然のことです。
　それでも不安は消えないかもしれません。英語が苦手な先生や英語が嫌いな先生もいらっしゃるでしょう。そのような先生にとっては,たとえ簡単な英語であっても,英語を使うことそのものに抵抗感があるのだと思います。
　このような抵抗感をなくすいちばんの近道は,使い続けることです。英語を使うことを非常にためらっていた先生が,半年後にお会いしたときにはずいぶん慣れてきておられたという場面を何度も見てきました。英語を流暢に話そうとせず,やり取りを楽しもうと思っていただけることを心から願っています。
　なお,先に示したような英語でのやり取りができるかどうかのカギを握っているのは,英語力の有無というよりは,児童とやり取りすることを楽しいと思うかどうかという意識の有無なのではないかと思います。多くの小学校の先生方の授業を拝見するたびに,この思いを強くもつようになりました。
　また,意識以外にも「授業スタイル」も,英語でのやり取りができるかどうかのカギです。一方向的な講義調の授業スタイルでは,やり取りはそもそも生まれません。そのような授業に慣れてしまっている児童は,なかなか口を開いてくれないかもしれません。このことは,英語の授業に限ったことではないでしょう。

(2) 指導内容を指導(想起する[必要な英語表現を])

　まず①で「質問のしかた」と「反応のしかた」を示しました。しかし,「〇〇という英語を使いなさい」といった明示的な指導ではなく,児童の気付きを促す暗示的な指導です。その後,児童同士がやり取りをする②の場面に入ります。
　そこで,児童が,①の場面で教師が示した「質問のしかた」や「反応のしかた」から学び(気づき),質問や反応をしながらやり取りできたか否かを確認します。
　ここでは,Small Talk でのA「既習表現を活用した質問」とC「繰り返しや感想などの反応」の内容を指導していることになります。
　大切なことは,活動前に「〇〇を使いなさい」と指導するのではなく,活動後に「〇〇は使いましたか」と確認することです。理由は,前述しましたが,活動中はあくまで児童の意識をやり取りの内容に向けさせたいからです。

　次に指導することは，B「既習表現を活用した応答」です。
　そこで，岐阜市立長良東小学校の聞き手からの質問に，既習表現を活用して応答することができるようにするための指導の場面を以下に紹介します。
　なお，この場面の映像も，先に紹介した「小学校外国語教育教授基礎論（文部科学省推奨）」（放送大学）で見ていただくことができます。

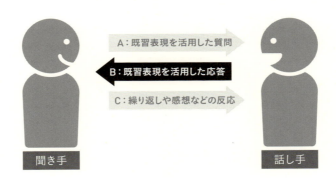

「指導内容を指導する」場面における
「既習表現を活用して，相手からの質問に応答すること」の指導

> T : Do you have any questions?
> S₁: (挙手)
> T : OK. Please.
> S₁: 個性的
> T : <u>What is *koseiteki*?（とみんなに問う）</u> ← a
> Sₛ: えっと……。
> S₂: 自分の……。
> S₃: Original!
> Sₛ: あーっ!!
> T : <u>Ah! That's a nice idea!! Original! That's good!!</u> ← b
> S₄: (挙手)
> T : OK. Your turn.
> S₄: 歴史。
> Sₛ: History! History!
> T : <u>Very good! History! History!</u> ← b
> S₅: (挙手)
> T : Your turn.
> S₅: ヒラメ
> T : <u>*Hirame*!? What is *hirame*?（とみんなに問う）</u> ← a
> Sₛ: ヒラメ!? え〜っ??
> T : I don't know. You can use '*hirame*'. I will check it later.
>
> この後，児童と児童のやり取り【2回目】へ。

a について

　やり取りしてみて，言いたかったのに言えなかったということはないかを確認するために，"Do you have any questions?" と教師は尋ねます。するとS₁が「個性的（は英語で何と言うのですか）」と質問しました。さて，この場面でみなさんなら，どのように対応（指導）しますか。

最も避けたい指導は,「個性的は, originalと言うのですよ」と教師が答えてしまうことです。なぜならば, この場面で指導したいことは,「既習表現を児童自身に想起させること」だからです。

　では, どうするか。ここでは, 1人の児童の質問を, 学級全員で考えさせます。先のやり取りにおいては, "What is *koseiteki*?" とみんなに問うています。

　「言えずに困ったことはないですか?」と聞くという指導は, これまでも, 中学校の英語の授業においてもよく行われてきました。しかし, 残念ながら,「～は英語で何と言いますか」という生徒からの質問に教師が答えてしまうことがあります。教師が答えてしまっては, 生徒が自力で既習表現を想起する機会を奪うことになります。また, 質問した1人の生徒だけにしか学習が成立しません。

　子どもたちの発想力は大人が思う以上に柔軟です。子どもの可能性や潜在能力を信じで,「みんな, ○○って英語で何と言えばいいのだろう?」と, 思い切って児童に委ねてみることが大切です。

　なお, この場面で, 児童の質問について学級全員で考えても適当な英語表現が思い浮かばないことがあります。児童だけではなく教師も分からないということもあります。上の例で言えば,「ヒラメ」を英語で何と言うかと質問されても児童も教師も分かりませんでした。未習語だから分からなくても仕方ありません。そのような場合は, いつまでもそのことについて考えることに時間をかけず, 日本語のまま使用させます。なぜならば, この場面で指導することは「既習表現を想起させること」だからです。未習語にこだわる必要はありません。実際, 先の指導者は, "I don't know. You can use '*hirame*'." と言っています。

　一方で, せっかく児童が「知りたい!」と思ってくれたのですから, 指導の絶好のチャンスでもあります。したがって,「授業が終わってから調べておくね」(I will check it later.)と伝え, 可能な限り授業後に調べ, 後日その児童やほかの児童に教えるとよいでしょう。

b について

　a の指導をしようとした際, 次のような状況になってしまうことがあります。

> ・Do you have any questions? と質問しても, 児童は発言しない。
>   (本当は質問があるのに言わない)
> ・誰かの質問について,「みんなどう思う?」と全体に聞いても, 児童は答えない。

　一方, 先に紹介した場面では, "Do you have any questions?" に対して, 次から次へと複数の児童が質問しています。また, "What is *koseiteki*?" という質問に対して,「えっと……」「自分の……」と必死で考えたり, 思いついた児童は "Original!" と発言したりしています。"What is ～?" という教

師からの質問に, われ先に答えているその様子は, まるで楽しいクイズに答えているかのようです。

どのような指導をすると, このような望ましい児童になるのでしょうか。

その指導の一つが, b です。先生は, 児童が"Original!"と答えたことに対して, "Ah! That's a nice idea!! Original! That's good!!"と言っています。「歴史」を"History! History!"と口々に答えた児童たちには, "Very good! History! History!"と言っています。

そのときの先生の表情や声の調子をお伝えできないのが残念ですが, とてもうれしそうに, そして「すごいね, 君たちは!」と児童を尊敬する気持ちが自然に表れた表情や声の調子で, "Ah! That's a nice idea!! Very good!"と言っていました。

このことが非常に大切だと考えています。つまり, 既習表現を想起した児童に敬意を払い, 既習表現を想起しようとしたその事実を大いに認めるということです。時には見当違いな英語表現を言ってしまう児童もいます。それでも, 既習表現を想起したことには変わりありません。ですから, その児童には"Nice try!"と声をかけます。

分からなさを表出したり, 正しいかどうか分からないと発言したりするのは, とても勇気がいることです。教師が, 認める姿勢をもつこと, 受容する心で接すること, そして, 子どもたちの成長を喜び, 努力に敬意を表するという, 情意面での指導は, 英語教育に限らず極めて重要です。

指導上のポイントをまとめると以下のようになります。

「指導内容を指導する」における指導上のポイント

○「相手へ質問すること」と「反応して聞くこと」は, 活動前に明示的に指導するのではなく, 活動後に確認する。
○「既習表現の想起」をさせるために, 1人の児童の質問を全員で考えさせる。
○「既習表現の想起」をしようとしたこと自体に敬意を払い大いに認める。

最後に, 小学校の先生方の「英語力」について再度述べます。

既習表現を想起させる指導で, 児童からの質問に自分が分からなかったらどうしようと不安に思われる先生がいらっしゃると思います。

本県の授業でも, 1人の児童の質問をみんなで考える場面で, 既習の表現を使えば表現したり, そのままを言えないまでも近い内容で言い換えることができるのに, そのことに児童も教師も気づいていないということがありました。教師が気づいていれば, ヒントを出すなどして児童に既習表現で言い換えさせることができたかもしれませんが, そのときはそのまま日本語で使用させるというこ

とになりました。

　このことの解決は容易ではないと思います。前述の「英語を使って児童とやり取りをする」ことは，意識や授業スタイルを変えることによって徐々に解決できると考えていますが，既習表現を使って言い換えることができるようになる英語力を身につける近道はなかなかありません。ALTがいればよいのですが，いつもいるとは限りません。

　そこで，少しでも「言い換え」を先生方にしていただけるように，以下に，「言い換え」のためのポイントを示します。これは，本県の先生方が実際にやっていた「言い換え」を整理したものです。

　また，英語力に関して，先生方が不安に思っておられるもう1つのことに，音声に関することがあります。自身の発音に自信がない先生がいらっしゃいます。

　音声については練習が必要です。文科省新教材には，音声面でのサポートがなされています。授業中に教師が話すとよい英語表現について，スマートフォンなどからその音声を聞くことができるようになっています。そのようなものも活用されるとよいと思います。

(3) 既習表現を使って言い換える（表現する）ためのポイント

<ケース1>

■児童が英語で言いたいこと
　「夏は夏休みがあるからいい」

■言い換え・表現例
　We have summer vacation in summer. I like summer.

■言い換え・表現のポイント
①主語と動詞（述語）を決める。
　「夏は……」から始まるからといって，summer を主語にすることにこだわらない。
　「人」以外が主語になる場合，主語を人に置き換えると，言い換えがしやすくなることがあります。
　また，そもそも主語がない日本文も多くあります。その場合も主語を置くとしたら何なのかを明らかにすると，言い換えがしやすくなることがあります。
②言いたい内容を明確にする。
　「いい」とはどういう意味なのかを明らかにしました。「よい季節」と言いたいのか「好き」と言いたいのか（この場合，児童は「好き」と言いたかった）。日本語は曖昧

な表現になることがあるため,曖昧な表現を,「それは○○ということ?」と意味の明確化をすると,言い換えがしやすくなることがあります。

③2文に分ける。

「夏には夏休みがある。(だから)私は夏が好き」と2文に分けました。日本語の文は,異なる2つの内容(メッセージ)が1つの文に存在していることが少なくありません。伝えたい内容(メッセージ)ごとに1文で言おうとすると,言い換えがしやすくなることがあります。

＜ケース2＞

■児童が英語で言いたいこと

「私はオレンジジュース」(「買い物」の言語活動において)

■言い換え・表現例

I want orange juice.

■言い換え・表現のポイント

①主語と動詞(述語)を決める。

当然ながら I am orange juice. ではありません。主語は I だが動詞は want (または like)です。

このように,日本語の文は,英語で表現しようとするとき,主語と述語が不一致の場合があります。これは,日本語という言語の特徴の一つです。主語と動詞(述語)を一致させると,言い換えがしやすくなることがあります。

＜ケース3＞

■児童が英語で言いたいこと

「夏は暑すぎて寝られない」

■言い換え・表現例

It's very hot in summer. I can't sleep.

■言い換え・表現のポイント

①2文に分ける。

②主語と動詞（述語）を決める。
③近い内容に置き換える。

　本来であれば，very hot ではなく too hot と言うのが適切です。しかし，very hot でも，内容を伝えられないことはありません。

　言いたいことをそのまま正確に言うことはあきらめ，それに近い内容に置き換えると，言い換えがしやすくなることがあります。

＜ケース4＞

■児童が英語で言いたいこと
　「タオルで汗をふけばいいのに」
■言い換え・表現例
　You can use towels.
■言い換え・表現のポイント
①主語と動詞（述語）を決める。
②近い内容に置き換える。

6 場(言語活動)を継続的に提供する

「考えながら話す」言語活動は,極力毎時間の授業に位置付けることが望ましいと考えています。

理由は,児童生徒は英語の授業で即興的にやり取りするという言語体験が圧倒的に少ないからです。

そこで,「考えながら話す」言語活動をどのように毎時間位置付けるかということと,年間の見通しをもつ,つまり年間指導計画を立案するという2点から,「場(言語活動)を継続的に提供する」ことについて述べます。

(1)「考えながら話す」言語活動をどのように毎時間位置付けるか

先ほど恵那市立三郷小学校の2つの実践を紹介しました。たとえば,5年生の「最高のランチメニューを作ろう!」は,最初は自分のメニュー作りをさせ,その後,家族のためのメニュー作りにその場で取り組ませることで,「考えながら話す」力を育てようとする試みでした。この活動は,4時間で構成されている単元の終末の時間(4時間目)に行われました。つまり,1カ月の間に1時間だけ「考えながら話す」言語活動に取り組ませたわけです。

三郷小学校では,このような活動の工夫に加え,児童が継続的に「考えながら話す」活動に取り組むことができるよう,Small Talkを毎時間授業の最初に位置付けるという実践も始めました。Small Talk を,毎時間のいわゆる「帯活動」のような扱いで授業に位置付けているということです。文科省新教材(5,6年生用)においても,Small Talkは,年間を通じて継続的に位置付けられています。ただし,前述したとおり,文科省新教材では,2単位時間に1回の位置付けです。

また,岐阜市立長良東小学校でも,毎時間Small Talkを授業に位置付けていますが,「帯活動」というよりは,授業における主たる言語活動の一つとして扱っています。

「帯活動」と聞くと,授業の展開部分に位置付けられている,当該授業の主たる言語活動より軽めの扱いがされている活動という印象をもたれる方がいらっしゃるかもしれません。筆者も学校で授業を行っていたときは,帯活動は,大切な活動であることは間違いないのですが,授業の主となる言語活動に比べると,それにかける準備の時間という点からも,授業において割り当てている時間という点からも,軽めの扱いをしていました。

長良東小学校では,Small Talkを,授業展開部分に位置付けられる主たる言語活動と同等の重みがある言語活動と位置付けています。したがって,同校が作成する指導案(本時の展開案)には,Small Talkは「活動1」と書かれています。

また,同校では,一般的に授業の指導過程は,大きく「導入」「展開」「終末」という3つの段階

図12 授業のブロック化(「読むこと」と「書くこと」の言語活動に比重を置く単元の場合)

第1時	第2時	第3時	第4時
挨拶	挨拶	挨拶	挨拶
【活動1】Small Talk	【活動1】Small Talk	【活動1】Small Talk	【活動1】Small Talk
【活動2】「読むこと」の活動	【活動2】「読むこと」の活動	【活動2】「読むこと」の活動	【活動2】「読むこと」の活動
【活動3】「書くこと」の活動	【活動3】「書くこと」の活動	【活動3】「書くこと」の活動	【活動3】「書くこと」の活動
振り返り	振り返り	振り返り	振り返り

で構成されているなか,そのような構成で授業を仕組んでいません。同等の重みがある複数の言語活動(活動1,活動2,活動3)により授業を構成するという,いわゆる「授業のブロック化」を試みています。イメージを図式化すると図12のようになります。

　毎時間の授業は大きく3つまたは2つのブロックにより構成されています。3ブロックの場合であれば,図のように,活動1はSmall Talk,活動2は「読むこと」の活動,活動3は「書くこと」の活動です。「読むこと」の活動と「書くこと」の活動については,第2章で実践を紹介します。活動1~3には,つながりがあることもありますが,ないこともあります。正しく言えば,1時間の授業に位置付ける複数の言語活動間に,つながりは必ずしも求めていないということです。そのかわり,授業と授業の間の各活動にはつながりをもたせています。

　また,「導入」「展開」「終末」という過程を経ませんから,1時間の授業を貫く「学習課題」がない場合もあります。厳密に言えば,活動1には活動1の学習課題があり,活動2には活動2の学習課題があるということです。本時のねらいは,3つの言語活動それぞれに1つずつある(つまり,本時のねらいが3つある)場合もあれば,3つのうち1つの活動についてのねらいだけを設定する場合もあります。評価規準も同様で,活動は3つあるがそのうち評価規準を設定する活動は1つだけということもあります。なお,ねらいのある言語活動には必ず評価規準を設定します。

　「授業のブロック化」は,授業を計画する際,どのような考え方に立脚して授業というものを捉えるかにより賛否が分かれるかもしれません。

　Small Talkは,1回の授業で10分間取り組ませたからといって,何かしら目覚ましい成長が児童

に見られることはありません。しかし、毎時間繰り返すことで、学期の最初と最後で、成長が見られる児童は少なくありません。1年後ともなれば、ほぼすべての児童に何らかの変容が見られます。

つまり、指導（学習）の成果は、1時間の授業で表れるというものではなく、一定程度の期間を経て表れるものだと考えます。

一方で、授業にはねらいと評価規準がある以上、「この授業でできるようにさせたり、分からせたりすることは何か」を明確にすることも大切です。

以上のことから、1時間で身につけることと、単元や学期などの長い期間で身につけることの大きく2種類の事柄があるという考え方を、どちらかに偏ることなく等しく踏まえて授業を組み立てようとした結果たどりついたのが、「授業のブロック化」です。このことを図式化すると、図13のようになります。

なお、「授業のブロック化」に至った別の理由として、「10分で取り組ませることができる活動を、引き延ばして30分かけてやらせていることはないか？」という問題意識がありました。また、「30分もかけて同じ活動に取り組ませることは、児童の意欲の維持・向上という点でそもそも無理があるのではないか」という問題意識もありました。もちろん、授業のブロック化はあくまでも1つの考え方であり試みです。この方法が最善であるかどうかの判断は、この手法を継続し、児童の意識の変容や英語力の推移を検証したあとに行うものであると考えています。

(2) 年間の見通しをもつ（年間指導計画を立案する）

上記の(1)で、「授業のブロック化」とは、「『単元で』『学期で』『年間で』できるようにすることは？

図13 「単元で」「学期で」「年間で」できるようにすることは？ という視点から授業を見る

第1時	第2時	第3時	第4時
挨拶	挨拶	挨拶	挨拶
【活動1】Small Talk	【活動1】Small Talk	【活動1】Small Talk	【活動1】Small Talk
【活動2】「読むこと」の活動	【活動2】「読むこと」の活動	【活動2】「読むこと」の活動	【活動2】「読むこと」の活動
【活動3】「書くこと」の活動	【活動3】「書くこと」の活動	【活動3】「書くこと」の活動	【活動3】「書くこと」の活動
振り返り	振り返り	振り返り	振り返り

「単元で」「学期で」「年間で」できるようにすることは？という視点から授業を見る。

という視点から授業を見る」という考え方から行われていると述べました。これは，図13で示した矢印の向きからも分かるように，授業を横で見て立案していると言えます。一方で，「『1時間で』できるようにすることは？という視点から授業を見る」という見方は，授業を縦に見ているということになります。

　授業をブロック化するか否かによらず，授業を横で見る見方は，言語の習得は一朝一夕で図られるものではないため，非常に大切です。そのような見方を身につけるためには，そして，その見方により指導を計画的に行うためには，年間の見通しをもつこと，つまり，年間指導計画を具体的に立案することが必須です。

　年間指導計画に記載する内容は学校により異なりがありますが，各単元の目標と評価規準，主たる言語活動，指導する英語表現などは共通して記載される内容でしょう。たとえば，各単元の目標は，学習到達目標を落とし込んで設定されることが必要と考えます。つまり，各単元は，学習到達目標を達成するために存在していると考えるということです。換言すれば，各単元に，学習到達目標を達成させるうえでの役割を与えているといってよいでしょう。

　本県では，この考え方を単元指導計画に明記することが大切であると考え，県教育委員会として単元指導計画例を作成し，県教育委員会のウェブサイトに掲載しました。図14（次ページに掲載）にその一部を示します。これは，中学校用に作成したものですが，小外国語CSが全面実施され，教科としての英語教育が始まる2020年度からは，小学校においても同様の様式により単元指導計画を作成することが必要になるものと考えています。

　図14は，中学校1年Lesson 5の単元指導計画の冒頭部分です。

　単元名，単元の目標，付けたい力などが記述されている表の中に，「学年の到達目標を達成するための，本単元の役割」という欄を設けています。このような欄を設け，そこに記述する内容を考えることにより，各単元の目標と学習到達目標とを具体的に連動させることができるようになると考えています。

　他方，授業をブロック化した場合は，別の考え方による年間指導計画が必要になります。これまで述べてきた年間指導計画の立案方法は，単元という内容のまとまりがあることが前提となっていますから，学習到達目標は各単元に落とし込むことになります。一方，授業をブロック化した場合，学習到達目標は各言語活動に落とし込むことになります。つまり，先の岐阜市立長良東小学校の場合であれば，活動1のSmall Talkの目標，活動2の「読むこと」の言語活動の目標，活動3の「書くこと」の言語活動の目標を，学習到達目標から落とし込んでそれぞれ設定します。

　ここで，高山市立本郷小学校が作成したSmall Talkの目標（第6学年）の一部を示します。本郷

小学校は 2014, 2015 年度の 2 年間, 本県の英語拠点校として先行的な英語教育に取り組みました。教育課程特例校や研究開発学校ではなく, 5, 6 年生の外国語活動の授業時数はそれぞれ年間 35 時間です。なお, 下の「5分間レッスン」とは, 朝の会等の英語の授業以外の時間を使った指導のことです。

図14　中学校「外国語（英語）科」における「外国語表現の能力」に焦点を当てた各学年の学習到達目標（例）
　　　第1学年の「話すこと [やり取り]」の指導例

（2014年3月　岐阜県教育委員会学校支援課）

第1学年　単元指導計画【全9時間】
単元名：Lesson 5　Our New Friends from India

目標
　be 動詞, 一般動詞の質問文や, 疑問詞を含む疑問文等を用いて, 好きな物を話題に, 好き嫌いや興味のあることを質問して詳しく聞き出したり, 相手の質問に新しい情報を加えて応答したりして対話を継続・発展させながら, 2〜3往復程度のインタビューの対話をすることができる。

単元を貫く課題と中心とする言語活動
課題：相手に詳しく質問をしたり, その質問に詳しく答えたりして, 自分との共通点を見付け, 休日の約束を取り付ける対話をしよう。
言語活動：インタビュー

指導事項と付けたい力
指導事項：「話すこと」（エ）：つなぎ言葉を用いるなどいろいろな工夫をして話を続けること
付けたい力：自分が確認したいことについて質問したり, 尋ねられたことについて1文付け加えたりして話すことができる。

英語表現
who, where, when といった疑問詞（疑問詞＋一般動詞）
him, her をはじめとする（目的格）人称代名詞

学年の到達目標を達成するための, 本単元の役割
　前単元では, 仲間の自己紹介に対して, 聞き取ったことを基に話し手に質問することを学んでいる。そこで本単元では, 確認したいことについて質問すること, またその応答を受けて, 目的に合わせてさらに詳しく聞き出す質問をする対話を目指させたい。同時に, 応答する際は, 端的な答えに加えて, 目的に合わせて1文情報を加え, 対話を豊かにできる姿を生み出したい。このような指導の上で, 次のLesson 6 では, 他者紹介の場面でその人物について詳しく聞き出す質問をしたり, 詳しく説明したりする対話につなげたい。

本単元の目標を具現した生徒の姿
対話例①
A: I am a fan of movies. Do you like movies?
B: Yes, I do. I sometimes watch movies.
A: Really? That's good. What movies do you like?
B: I like animation movies. My favorite movies are Disney movies.
A: Wow, me too. Let's watch Disney DVDs. OK?
対話例②
A: I like animals very much. Do you like animals?
B: Sorry, I don't like animals.
A: Let me see, I am a fan of J-pop. Do you like music?
B: Yes, I do. I listen to music every day.
A: I like "Arashi". Who is your favorite singer?
B: I like them too. Let's go to the concert. It's fun.

時	1　オリエンテーション [L]
ねらい	インタビューの対話を聞くことを通して, 相手に質問したり, 詳しく答えたりすることについて理解し, 単元の終末の活動の見通しをもつことができる。
学習活動	①導入 [L] 　教師のモデル対話を聞き, 本単元の終末に取り組む対話のイメージをもつ。また, 単元を貫く課題を理解する。 　相手に詳しく質問をしたり, その質問に詳しく答えたりして, 自分との共通点を見付け, 休日の約束を取り付ける対話をしよう。 ②内容理解 [L] ・再度モデル対話を聞き, どのように約束を取り付けたのかを理解する。 ・聞き取りの視点 □T1が好きな物は何か。 □T2はそのことについてはどうか。 □2人が休日に約束したことは何か。 □自分なら何を話題に切り出すか。 ・対話のスクリプトを確認し, どのように対話が続いているか文字で確認する。 →「自分の好きな物→相手への質問→共通点の見出し→約束」の対話のイメージをもつ。 ③新出の who, where, when の用法について理解する。 ④新出の人称代名詞の用法について理解する。 ◆既習のwhatの文と比較しながら導入し, 形式や用法が理解できるようにする。 ◆人称代名詞については, 写真や具体物等を示しながら例文を通して導入する。 ⑤自己評価と振り返り ・単元の終末の活動と単元を貫く課題を理解できた。 ・新出の文構造について意味や用法を理解できた。
評価規準	・終末で取り組む言語活動について理解し, 見通しをもつことができる。 ・who, where, when の疑問詞や人称代名詞の用法について理解している。 【観察, ワークシート】

Small Talkの指導計画

(2015年度　高山市立本郷小学校)

Lesson	ねらい	5分間レッスンで扱う語彙や表現	Small Talk
Lesson1 Do you have 'a'?	①あいさつの表現や、その日の調子を理由を加えて話す表現を知り、自分の調子に合わせて使うことができる。 ②自分が好きなものについて理由を加えて話すことができる。 ③echoingをしながら会話活動を進めることができる。	○あいさつ表現 Good morning. Hello. Good evening. Good night. How are you? What's your name? My name is ～. Where are you from? I'm from Hongou. How old are you? I'm 11 years old. ○味を伝える表現 It's good/sweet/salty/hot/ bitter/sour/mild.	○What ～ do you like? I like ～. の表現に理由を付け加えて話す。 ① What foods do you like? I like ～. 　You like ～. Why? Because it's～. ② What dessert do you like? I like ～. 　You like ～. Why? Because～. ③ What drink do you like? I like ～. 　You like ～. Why? Because～.

恵那市立三郷小学校も、Small Talk の年間指導計画を作成しています。その一部を以下に示します。

5年生　Hello Time における Small Talk

(2017年度　恵那市立三郷小学校)

月	単元名・ねらい	Small Talk	リアクション・その他	教材/テーマ
4	世界のあいさつ 英語であいさつする活動を通して世界にはいろいろな言語でのあいさつがあることに気付き、相手のあいさつにプラスワンしようとする態度を育てる。	"How are you?" の復習 A:"How are you?" B:"I'm 感情." A: (リアクション)	"Good!" 良かった！ "Sorry to hear that." 残念。 "Feel better soon." 早く良くなるといいね。 相手の具合が悪かったら、2, 3番目のリアクションが丁寧です。	1回目感情カード card exchange 2回目から教材無し。 その人の本当の具合を聞いて答える。
5	クイズ大会をしよう クイズ大会を楽しむ活動を通して、似ている言葉や同じ発音で2つの意味がある言葉があることに気付き、近くにある物が何かを聞く英語表現を使って仲間に進んで関わろうとする態度を育てる。	"How are you?" の復習 A:"How are you?" B:"I'm 感情." A: (リアクション)	"Good!" 良かった！ "Sorry to hear that." 残念。 "Feel better soon." 早く良くなるといいね。	その人の本当の具合を聞いて答える。

本郷小学校も三郷小学校も、目標として発話させたいことを英語で表記しています。

また、岐阜市立長良東小学校も、同様に Small Talk の年間指導計画を作成しています。その具体例は、第2章で紹介します。

7 英語表現を頭の中に「ためる」

「考えながら話す」ことは、既習表現を想起しながら行うアウトプットの営みです。アウトプットをするためにはインプットが必要です。既習表現を想起するためには想起する英語表現が頭の中にストックされていなければなりません。

そこで、ここでは、第1章で示した「考えながら話す」を表す図の「①捉える」における「新たな英語表現を捉える」(破線で囲んだ部分)に焦点を当てて、その考え方等について述べます。

新たな英語表現を捉えさせる際の指導のポイントは、以下の3点であると考えています。

> (1) 英語表現を、場面の中で理解・使用させること
> (2) 英語表現を、異なる場面や話題で使用させること
> (3) 英語表現を、類似の英語表現との違いを意識して捉えさせること

図15 「考えながら話す」のイメージ図

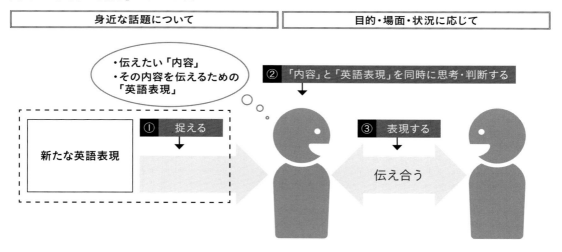

(1) 英語表現を、場面のなかで理解・使用させること

たとえば、"I can 〜."という英語表現を理解させる際、「『〜ができます』という意味ですよ」と教えるのは、英語表現に日本語を対応させて理解させようとする教え方です。一方、場面の中で英語表現を理解させようとする教え方は、たとえば次のような指導になるでしょう。

・4月の外国語活動や英語科の授業で、今年1年お世話になるALTに対して、自分のよいところをたくさんアピールする自己紹介を行うという場面を設定する。

- 教師自らが，写真や動作，自慢げな表情を交えながら，"I can 〜ᣞ" を何度も使って話して聞かせることで，「できることを言うときは"I can 〜ᣞ"って言うんだ」と理解させる。
- そして，実際に，"I can 〜ᣞ" も使って自己紹介のなかで使用させることにつなげる。

このように，場面設定をして当該場面のなかで使用する英語表現を導入し使用させるという指導は，その英語表現がどのような場面でどのような目的のために使用されるものかを理解させることに資するものです。換言すれば，英語表現の「音声」と「意味」と「使い方」の三者を理解させるといってよいでしょう。この指導のしかたは，現行の外国語活動の授業において，とても多く行われているのではないでしょうか。小学校の先生方は，このような指導に非常に長けていると思います。このような指導のしかたを，教科になっても継続させるべきであると考えています。また，中学校の英語教員も，このような指導のしかたを自身が行っているか否かを振り返っていただきたいと強く思っています。

(2) 英語表現を，異なる場面や話題で使用させること

以下に，多治見市立笠原小学校が作成した6年生「もののルーツを探れ」の単元指導計画を掲載します。

笠原小学校は，2003年度から教育研究開発学校として英語教育に取り組んでいます。2017年度は全学年教科として「英語科」を教育課程に位置付けており，年間の授業時数は，第1, 2学年は35時間，第3, 4学年は60時間，第5, 6学年は70時間です。また，2014, 2015年度には，本県の英語拠点校として実践を地域に啓発しました。

本単元は同校の独自単元です。以下に，概要を説明します。

- ピアノやかぼちゃ，カメラなど，児童の身の回りにある物を教材として取り上げている。
- 単元導入で，もともと日本にあると児童たちが思っていたそれらの物の中には，外国から日本に入って来た物もあることを知らせることで驚きをもたせる。
- 単元終末には，「もののルーツマップ作り」に取り組ませる。
- 取り扱う主な英語表現は，"Where are 〜 from?" と "When did 〜 come to Japan?"

第1部 [理論編]

単元導入では, 教員やALTがピアノといくつかの野菜について, それぞれがいつどこから日本に来たかを, "Where are 〜 from?" と "When did 〜 come to Japan?" を使って話します。

① 導入　ALTの話やチャンツやゲームで基本文や単語の慣れ親しみ

Where are (pianos) from?
When did (pianos) come to Japan?

第1時

ねらい　ALTやHRTから提示されるいろいろな野菜について, どの国から, いつの時代に日本に来たかを聞く活動を通して, 日本古来のものだと思っていたものの中には, 世界の様々な国々から伝来したものがあることや, 今のような使われ方をしていないことなどを理解し, もののルーツについて興味・関心をもつとともに, 情報を正確に理解しようと工夫している。

課題
ALTから野菜の話を聞いて, 正しいルーツマップを作ろう。

活動の概要
・ALTから提示される8つのもののルーツを当てるクイズを行う。
・Special storyを交えた野菜のルーツにかかわる話を聞く。
・コメントを書く。

評価規準
・情報を正確に理解しようと工夫したり, 相手の理解に応じて説明をしたりして, 対話を続けようとしている。(態度)
・whereとwhenの意味や用法を理解している。(知識)

単元中盤では, 8種類の野菜を取り上げ, それらがいつどこから日本に来たのかを調べ, それぞれが調べたことをペアでインタビューさせます。

② 中盤　野菜のルーツ調べで基本表現の慣れ親しみ

Where are (pumpkins) from?
When did (pumpkins) come to Japan?

第2・3・4時

ねらい　8つの野菜がどの国から日本に来たのかを交流する活動を通して, Where are ○○ from? When did ○○ come to Japan?を使ったり, 答えたりしている。また, Special storyを工夫して伝えたり, 理解したりしている。

課題
8つの野菜のルーツについてインタビューして, 気付いたことを交流しよう。

活動の概要
・8つの野菜のルーツを予想する。
・班で野菜を1つずつ担当し, インタビューする側と答える側に分かれて練習する。
・全体で交流し, ルーツマップを作り, 気付いたことを交流する。

評価規準
・基本表現を用いて, どこの国から, いつ来たのかについて質問したり, 説明したりすることができる。(表現)
・もののルーツに関わる基本表現や対話の内容を正確に理解することができる。(理解)
・基本表現を用いて, どこの国から, いつ来たのかについて質問したり, 説明したりすることができる。(表現)
・もののルーツに関わる基本表現や対話の内容を正確に理解することができる。(理解)

野菜の次に取り上げるのは、すしやてんぷらなどの食べ物です。それらがいつどこから日本に来たのかについて、前時同様それぞれが調べ、調べたことをもとにインタビューします。インタビューして分かったことは「ルーツマップ」としてまとめさせます。

③ 中盤　食べ物のルーツ調べで基本表現の慣れ親しみ

Where is (sushi) from?
When did (sushi) come to Japan?

第5・6時

ねらい　8つの食べ物がどの国から日本に来たのかを交流する活動を通して、Where are ○○ from? When did ○○ come to Japan?を使ったり、答えたりしている。また、Special storyを工夫して伝えたり、理解したりしている。

課題
8つの食べ物がいつ来たのかをインタビューして、年表を作ろう。

活動の概要
・8つの食べ物のルーツを予想する。
・班で野菜を1つずつ担当し、インタビューする側と答える側に分かれて練習する。
・全体で交流し、ルーツマップを作り、気付いたことを交流する。

評価規準
・基本表現を用いて、どこの国から、いつ来たのかについて質問したり、説明したりすることができる。(表現)
・もののルーツに関わる基本表現や対話の内容を正確に理解することができる。(理解)
・基本表現を用いて、どこの国から、いつ来たのかについて質問したり、説明したりすることができる。(表現)
・もののルーツに関わる基本表現や対話の内容を正確に理解することができる。(理解)

単元終末では、カメラやピアノなどの「もの」を取り上げます。インタビューした結果はまとめて、「ルーツマップ」を作成させます。

④ 終末　もののルーツ調べで基本表現を使って

Where are (cameras) from?
When did (cameras) come to Japan?

第7時

ねらい　8つの「もの」についてのどこから、いつ伝わり、どのようなSpecial storyがあるのかを交流する活動を通して、基本表現を使ったり、答えたりすることができる。相手の理解に応じて工夫して話したり、聞いた内容を確認し、分からなかったことを質問したりすることができる。

課題
8つのものにかかわる情報をインタビューしよう。

活動の概要
・ものを班で1つ担当し、インタビューに答えられるように練習する。
・インサイド、アウトサイド、2回ずつ交流する。

評価規準
・相手の理解に応じ、絵やジェスチャーを用いて説明を付け加えたり、簡単な英語を用いたりして対話をすることができる。(表現)
・分からないことについて聞き返しや質問をすることができる。(理解)

以上の指導の流れをまとめると,右のようになります。

　このようにして,ルーツマップづくりをするという目的に向かって,同様の英語表現を異なる話題で繰り返し使用させることは,「英語表現を,異なる場面や話題で使用させる」指導例の一つです。

　このように,同じ英語表現(Where are/is ☐ from?/ When did ☐ come to Japan?)を,話題をかえながら単元を通じて,実際のコミュニケーションのなかで繰り返し使用させることで,当該表現のより確実な定着が期待できます。

「テーマを変えて」繰り返す指導のまとめ

[英語表現]
・Where are (pumpkins) from?
・(Pumpkins) are from (China).
・When did (pumpkins) come to Japan?
・In the (Edo) period.

(3) 英語表現を,類似の英語表現との違いを意識して捉えさせること

　高山市立久々野小学校の5年生において,2017年の6～7月に行われた実践を紹介します。

　久々野小学校は,本県の英語拠点校で,県の小学校英語教育をリードするモデル校として,外国語活動の実践を積み重ねています。年間の外国語活動の授業時数は,第5,6学年で各35時間です。

　本実践は,『Hi, friends! 1』のLesson 4と5の実践です。当該実践用に作成された指導案から,本節に関わる部分を抜粋して以下に示します。

《単元の構想》

　本単元では,好きなものは何かを尋ねたりそれに答えたりする表現を用いて,学級の仲間のことをより深く理解することができると考えた。同時に,同じ好みの仲間を見つけ出すことで(中略)明るく温かな学級づくりにもつながると考えた。

　今回は新たな取り組みとして,Lesson 4「好きなものを伝えよう」と,Lesson 5「友達

にインタビューしよう」という2つの単元をつなげ，1つの大きな単元として単元指導計画を作成した。こうした目的は2つある。

　1つめは，自分のことを生き生きと語る児童を育てるためである。生き生きと語るには，本当に自分の好きなものを伝える必要がある。少ない選択肢の中から仕方なく選んで話すのではなく，児童が本当に好きなものを伝えることができるようにしたいと考えた。また，本当に自分が好きなものを英語で伝えたとき，相手がそれを理解することも必要になる。そのために，名詞の語彙の充実と十分な慣れ親しみを図らなくてはならない。そこで，12時間をかけて，果物・スポーツ・動物・野菜のジャンルでそれぞれ10語を，3時間構成で慣れ親しむように計画した。

　2つめは，紛らわしい2つの表現（"Do you like ～?" と "What ～ do you like?"）を場面に応じて駆使して使うことができる児童を育てるためである。Lesson 4「好きなものを伝えよう」では "Do you like ～?" に，Lesson 5「友達にインタビューしよう」では "What ～ do you like?" に慣れ親しむことになっている。これらの表現は児童が混同しやすい表現である。そこで，2つの単元で慣れ親しむこれらの表現を交互に4回慣れ親しむ活動に取り組ませることで，紛らわしい2つの表現を場に応じて使い分け，聞かれたことに正しく答えることができるようにしたいと考えた。また，単元終末のSharing Timeの中で，既習表現を想起させる指導を行うことで，これら2つの表現について押さえを図るようにしたい。（後略）

（高山市立久々野小学校「第5学年A組　外国語活動指導案」より〈2017年7月5日〉，下線は筆者）

　本実践では，"Do you like ～?" と "What ～ do you like?" を意図的に同時に取り扱うことでこれらの英語表現の違いをより意識させようとしています。そして，それぞれの使い方の理解を深めさせ，場面に応じてこれら2つの英語表現を使い分けができるようにしようとする試みです。

　紛らわしい2つの英語表現を同時に扱うことで，最初はこれらの英語表現を混同し誤って使用するなどの姿が見られるかもしれません。そこで，本校は，当該表現への慣れ親しみを図ることができるよう，4回，交互に，慣れ親しみのための言語活動を単元のなかに位置付けています。つまり，

2時間目　"Do you like ～?" に慣れ親しませるためのゲーム等のアクティビティを取り扱う。
3時間目　"What ～ do you like?" に慣れ親しませるためのゲーム等のアクティビティを取り扱う。
4時間目　"Do you like ～?" に慣れ親しませるためのゲーム等のアクティビティを取り扱う。
5時間目　"What ～ do you like?" に慣れ親しませるためのゲーム等のアクティビティを取り扱う。

というように単元の指導計画が構成されているということです。

　加えて，単元終末の授業では，これらの表現を確かに理解し使い分けることができているかどうかを確かめるために，「考えながら話す」言語活動が仕組まれています。この活動において，児童が，"Do you like 〜?" と "What 〜 do you like?" を場面に応じて使い分けることができているかどうかを見届けようとしています。

　また，本実践の特徴である「2つの単元を1つの大きな単元として扱う」ことの目的が，
・自分のことを生き生きと語る児童を育てることである
・そのためには，本当に自分の好きなものを伝える必要がある

とされていることは，本書で述べている「自分の本当の考えや気持ちを伝え合わせること」と同じ考えに基づくものです。

　久々野小学校の先生方は「少ない選択肢のなかから仕方なく選んで話すのではなく，児童が本当に好きなものを伝えることができるようにしたい」と考えています。その点についてまったく同感です。

■8 授業全般を通じて，児童との英語でのやり取りの時間を増やす

　これまで述べてきたように，「考えながら話す」力を育成するためには，Small Talk など，年間を通じて継続的に児童が取り組める言語活動を位置付けたり，言語活動を工夫して即興的なやり取りにも取り組むことができるようにすることが望ましいと考えます。

　他方，わざわざ「言語活動」として位置付けなくても，即興的なやり取りを児童にさせることは可能です。それは，授業中に教師が児童と行う「何気ないやり取り」です。英語で行う簡単な「おしゃべり」といってもよいでしょう。

　拝見したこれまでの英語授業での「何気ないやり取り」には，たとえば以下のようなものがありました。

＜場面1＞

　授業開始前。今日の授業は『Hi, friends!』を使わないのだが，それを事前に児童に知らせていなかったため，児童の机上に『Hi, friends!』が置かれていた。それに気づいた教師が児童に話しかけます。

　T : Oh, today, no "Hi, friends!"
　Ss: No, "Hi, friends!"? No English class?

T : No, no. I have… We have English class, but you don't use "Hi, friends!"

Ss: Ah. Games? Only games?

T: No, no. ん〜, Conversation. You enjoy conversation. And writing.

Ss: あ〜。なるほど。I see. I see.

<場面2>

授業の導入部分。課題提示のために教師がALTと対話をしている。

T ：You know, I like sports.

ALT: Yes. You like badminton and volleyball.

T ：Yes. I'm very very good at all sports.（おどけながら）

Ss：え〜！ Really!?（と言って，児童が対話に入り込む）

T ：Yes! Yes!

S1：But you … don't fast, sports festival!

T/ALT: ?

S1：えっと，You run don't fast.

S2：You don't run fast.

S3：You can't run fast.

S1,2：そうそう！ You can't run fast! Sports festival.

T ：あ〜！ I can't run fast at sports festival?

Ss：Yes! Yes!（今年の運動会で教師同士が30メートル走を行ったが，この先生はそのとき速くなかったということを言っている）

T ：ん〜, I'm very kind, so. わざとI run slowly.

Ss：（笑いながら）Really!?

<場面3>

授業の導入場面。教師が夏休みに家族で行ったディズニーランドの写真を見せている。

Ss：Oh, Disney Land!

T ：Yes! I like Tokyo Disney Land very much. I enjoyed …（と言って，先生は過去形の導入をしようとしたが……）

S1：でも，ユニバの方がおもしろい。（と，つぶやく）

  T ：（当初話すつもりのことをいったん中断し, このつぶやきに反応する）
    Oh, you like Osaka Universal Studio?

  S ：Yes!

  S_s：Me too! Me too!

  S_s：No, no! Tokyo Disney Land!

  T ：Why do you like Tokyo Disney Land?

  S_s：I like プーさん！

  T ：Oh, プーさん．

  S_s：プーさん is very cute!

＜場面4＞

  授業中に二人一組でカードゲームをさせている。あるペアが勝負に熱が入りすぎて,「ずるをした！」「お前こそずるした！」と言い争いを始める。

  T ：What happened?

  S_1：S_2くんがずるした！

  S_2：お前もずるしたやろ！

  T ：What did you do? Please tell me more. （←Please tell me more. は
    Small Talkの中で日頃使わせている英語表現）

  S_1：Don't put hand!（←カルタ取りゲームで, カードを取る前は両手を頭に置くこと
    がルールだが, それをしていなかったと言いたい）

  T ：（S_2に向かって）You don't put your hand on your head?

  S_2：（ばつが悪そうに）Yes….　でも！

  T ：（笑顔で）English, please.

  S_2：But you … don't put … hand head, on head.

  T ：I see. ん……, OK. S_2, please say I'm sorry to S_1.

  S_2：（ふくれた顔で）I'm sorry.

  T ： How about you, S_1? What do you say?

  S_1：（ばつが悪そうに）I'm sorry.

  T ：S_2, OK?

  S_2：OK.

```
T : S₁?
S₁: OK.
T : Can you enjoy the game?
S₁,₂: Yes!
```

いかがでしょうか。

いずれの場合も,まさに本物のコミュニケーションです。どれだけ言語活動を工夫して必然性を生み出しても,このような自然発生的な「何気ないやり取り」には,場面の自然さという点では勝てません。

授業中の何気ない教師と児童とのやり取りを,過小評価してはいけません。とりわけ,「話すこと[やり取り]」の力を育む英語授業において,そして,「考えながら話す」力を養ううえで,このような「何気ない英語でのやり取り」がある授業は,大いに評価されるべきであると考えます。

小学校では,いわゆる「クラスルームイングリッシュ」のいっそうの使用が求められています。まずは,そこから始めます。そして続けます。そのことで,英語を使うことに先生自身が徐々に慣れていきます。そして,上で示したような「何気ないやり取り」を英語で行っていただきたいと考えています。

なお,このようなやり取りを英語で行う際もまた,「英語力がないとできない」という声が聞こえてきそうです。

しかし,繰り返しますが,必要な「英語力」はそれほど高くないのです。紹介したどの場面においても,それぞれの先生(すべて別の教員)が使っている英語を見れば十分,分かっていただけるのではないでしょうか。前節でも述べましたが,「英語力」の有無よりも,児童とやり取りすることを楽しめるかどうかという意識の有無が大切なのです。

第4節　どのように, 「考えながら話す」力を見届け, 指導に生かすのか

　本節では, スピーキングテストについて述べます。
　指導の結果を見届ける方法は, 言語活動中の活動観察などスピーキングテスト以外にもあります。しかし, 本節では, 一人ひとりを確実に見届けて学期末や学年末の評価に総括すること, そして, 一人ひとりの指導に生かすことに焦点を当ててその基本的な考え方を示したいと考えているため, スピーキングテストを取り上げます。

1 「テスト」に対する考え方と具体的方途

　まず大切なことは, スピーキングテストの実施について以下のように捉えることだと考えています。

> ・適切に評価しようと思えば, テストの実施は必須である。
> ・テストは, 意欲と見通しをもたせるために行う指導である。

(1) 適切に評価しようと思えば, テストの実施は必須である

　小学校の英語教育において, 「テスト」はどのように捉えられているのでしょうか。
　外国語活動であれ, 教育課程特例校等が行っている英語科であれ, 学校教育の一環として実施しており, 学期末や学年末の評価や評定を行うことを踏まえれば, 児童の学習状況を可能な限り正確に把握することが必要であることは間違いありません。
　しかし, そのための方途としてスピーキングテストを実施しましょう, となると賛否が分かれることがあります。
　スピーキングテストは実施すべきだと考えます。理由は, 児童の学習状況を可能な限り正確に把握するためです。そして, 極力正確な学習状況を指導要録に記載するためです。また, 通知表等を通じて児童本人や保護者にその時点での学習状況を極力正確に伝えるためです。そのようなことを活動中の観察だけで行うのには限界があると考えています。なお, ここでいうスピーキングテストとは, たとえば, 単元終末の言語活動をスピーキングテストも兼ねて実施する場合も含めます。つまり, 先生の意識はあきらかに評価に向いており, かつ, 学級の児童全員の学習状況を把握することができるものであれば, スピーキングテストに含めます。

(2) 英語嫌いをつくらない？

　スピーキングテストの実施に賛同できなかったり二の足を踏んだりされる場合，その理由は何でしょうか。おそらく，テスト実施に対するデメリットが過度に評価されているからではないでしょうか。「テスト実施のデメリット」と思うことは人それぞれだと思いますが，その中の一つに「テストをすると児童が英語嫌いになってしまうかもしれない」ということがあるのかもしれません。

　「英語嫌いをつくらない」は，いわば小学校英語における重要なキャッチフレーズの一つとなっています。「英語の授業が好き」「英語が好き」という児童を育てることは極めて重要です。好きだから自ら学ぼうとするでしょう。生涯にわたり自ら学ぶ児童生徒の育成は，教科教育の究極の目標といってもよいでしょう。学校教育法では，小・中・高等学校の教育における目標を達成するうえで「<u>生涯にわたり学習する基盤が培われるよう</u>，基礎的な知識及び技能を習得させるとともに，これらを活用して課題を解決するために必要な思考力，判断力，表現力その他の能力をはぐくみ，主体的に学習に取り組む態度を養うことに，特に意を用いなければならない」（第30条）と規定されています。

　しかし，英語が好きな児童を育てることと，英語嫌いな児童を育てないことは同じではありません。後者を意識しすぎると，指導に過度な配慮が働いたり，児童の可能性を低く見積もったり，指導が抑制的になったりする恐れがあると思います。

　「英語嫌いをつくらない」は目的ではありません。そのことを目的化して指導のあり方を考えることは，再考の余地があります。国語の授業で大切なことは国語嫌い（な児童）をつくらない（育てない）ことではありません。国語科で求められている資質・能力を育むことです。算数でも理科でも同じです。そして，英語でも同じです。

　テストを実施することを前提とし，それをどのように行うとよいかについて知恵を絞る。このような考え方をまずはもつことが必要なのではないでしょうか。

　なお，テスト実施の必要性は十分理解しているし，英語嫌いをつくらないことが主たる目的ではないことも理解しているが，テストの実施には慎重を期す必要があるとの考え方もあります。この考え方の根拠の一つに，指導者の専門性の不十分さがあげられることがあるようです。

　しかし，「指導者の専門性が十分高くないから，テストを実施しても適切な評価ができないかもしれない」ということを，児童や保護者が聞いたらどのように思われるのでしょうか。多忙を極める先生方に求めるのは大変心苦しいのですが，そこは専門性を高めるための自己研鑽を積むしか方法はありません。

　同時に，教員の養成や増員等，教員研修に頼らない人的支援（指導体制の整備）のいっそうの充実がなされることを心から願います。

(3) テストは意欲と見通しをもたせるために行う指導である

　学校内で行われるテストは，教師と児童生徒では，目的が異なる場合があります。

　教師にとってのテストの主な目的は，評価・評定を行うことと，結果を指導に生かすことです。

　それでは，児童生徒にとってのテストの目的は何でしょうか。少なくとも，自分の力のなさを思い知らされ自信をなくすためのテストで終わってしまってはいけないはずです。児童生徒にとってのテストは，学習に対する意欲と見通しをもてるものにします。

　そのためのポイントの一つは，スピーキングテスト実施後にあります。つまり，テスト結果を確実かつ適切にフィードバックすることです。

　本県のある小学校で，スピーキングテストを実施したら児童が泣き出してしまったという話を聞いたことがあります。その学校では，テスト中は児童がリラックスできる雰囲気づくりに努め，テストで児童に話をさせた話題は授業中に扱ったことがあるものにしていました。児童はどの子も「考えながら話す」力を身につけつつあり，とりわけこの児童は著しく成長していました。にもかかわらず，この児童は泣き出してしまったのです。

　スピーキングテストを経験したのは，このときが初めてでした。「緊張して涙が出てきた」「緊張して頭の中が真っ白になって何も話せなかった」。この児童はテスト後そのように話したそうです。

　先生はそのとき，何も話せなかったこの児童に対して，スピーキングテスト実施後すぐに，次のようなフィードバックをしました。

> 「緊張したね。初めてだもんね。話せなくて残念だったね。でも先生は，○○さんが授業でどんどん話せるようになっていること，ちゃんと知っているよ。だから，今度のスピーキングテストではきっと大丈夫！　ん～，でも1つだけ。これをこれからの授業で意識したら，もっと大丈夫になるっていうアドバイスがありますよ。授業で友だちと対話するとき，自分から話しかけるようにしよう。それを続けてごらん。では，今日のテストはこれで終わり！」

　この先生は，この児童の「考えながら話す」力が高まっていることを把握していました。一方で，気になることもありました。それは，対話中，常に対話を始めるのは話し相手で，この児童ではないということでした。積極性にやや欠けるところがあると捉えていたわけです。テストで緊張してしまうのは誰しも同じですが，泣き出すほど緊張してしまうのは稀です。この先生はその原因を積極性の足りなさにもあると分析されました。したがって，「話すこと」の力が身についてきていることをきちん

とこの児童に自覚させた（伝えた）うえで，さらによりよくなるため（次回のスピーキングテストで力を発揮できるようになるため）に，今後の授業で気をつけるとよいことを1つだけ伝えたということです。時間にしてわずか1分程度で，意欲と見通しをもたせる見事なフィードバックでした。

　意欲と見通しをもたせるフィードバックにするために行うとよいことは，以下の3点であると考えます。

「意欲と見通しをもたせるフィードバック」にするために行うこと

○結果を認める。
　できていることを具体的に伝える。
○過程を認める。
　できるようになってきていることを具体的に伝える。
○見通しをもたせる。
　さらにできるようになるために今後の英語の授業で心がけるとよいことを具体的に伝える。

　テストは時として「自分の（その時点での）できなさぶり」を否応なしに自覚させてしまうことがあります。しかし，「できていないことを自覚させること」がよくないのではなく，「できていないことを自覚させて終わりにしてしまうこと」がよくないのです。

　テスト実施による児童生徒への悪影響に対して漠然と不安を覚えてテストを遠ざけるのではなく，自分の成長と努力すべき点を自覚させて，たくましく学び続ける子どもを育てたいと考えます。そのために，「意欲と見通しをもたせるフィードバック」は最も重要なことです。

2 評価の観点・評価規準・評価基準

「テストは時として『自分のできなさぶり』を否応なしに自覚させてしまうことがある」と述べました。これはそのとおりですが，不適切なテストの実施により自分に足りない点を自覚させてしまうことは，あってはなりません。本来測定すべきではないこと（たとえば，必要以上に大きな声で話すこと，常に笑顔で話すこと，文法上の誤りがない文で話すことなど）を測定しているテストを実施して，「私は声が大きくないからダメなのだ」や「正しい文で話さないといけないのだ」などと思わせることは，その後の英語学習で誤った方向に児童生徒を導いてしまうミスリード以外のなにものでもありません。テストが児童生徒の学習のしかたに与える影響は，大変大きいものです。

目標の達成状況を適切に測定し，その後の英語学習を適切な方向に導くような，スピーキングテストとするためには，評価の観点と評価規準・評価基準を適切に設定することが重要です。

評価の観点と評価規準・評価基準の設定は，学習到達目標に依拠します。たとえば，大垣市立中川小学校と大垣市立小野小学校は，第6学年における「話すこと」の学習到達目標を以下のように設定しました。

大垣市立中川小学校　第6学年「話すこと」の学習到達目標

・言いたいことを伝えるために，相手が理解しているかを確認しながら繰り返したり言い換えたりして工夫して話すことができる。
・既習の英語表現を用いて4文程度の情報を伝えることができる。

大垣市立小野小学校　第6学年「話すこと」の学習到達目標

・相手が理解しているかを確認しながら話し，必要に応じて繰り返したり言い換えたりするなど工夫して話すことができる。
・既習の英語表現を用いて4文程度の情報を伝えることができる。

本目標の達成状況を把握するために，両校が2016年10月に実施したスピーキングテストについて，その概要及び両校が共通して設定した評価基準を以下に示します（図16）。

スピーキングテストの概要

> ○外国人観光客（ALT）に日本の名所を紹介するという場面。
> ○本テスト実施以前に，「修学旅行で国際交流をしよう」という本校独自の単元を設定。児童は，日本の名所を紹介するという言語活動に取り組んでいるため，場所を紹介するために使用する英語表現は学習済み。
> ○「考えながら話す」力を測定するために工夫されたことは以下の２点。
> ・日本の名所（と思われる場所）の写真を何枚か準備。教師がその中からその場で１枚選ぶ。児童は，その写真に写っている名所について，その場で考えながら話す。
> ・児童が説明した内容について外国人観光客役のALTがその場でいくつか質問する。児童はその質問にその場で応答する。

図16　スピーキングテストにおける評価基準表

	① コミュニケーション	② 対話	③ 説明
A	・不自然な間（3秒程度の沈黙）がなく，全体的に clear voice, eye contact など，相手を意識して話している。	・自分が知りたい内容を適切に質問することができる。（名前，出身地） ・相手の質問に適切に応答したり，その根拠等＋1文以上で付け加えたりすることができる。	・自分が伝えたい写真の内容の説明を自分の考えを入れながら，3文以上で説明している。 ・誤りがあっても，理解には影響しない。
B	・一部，不自然な間や聞き取りにくい発音があるが，clear voice, eye contact など，相手を意識して話している。	・一部誤りが見られるが，自分が知りたい内容を適切に質問できる。 ・相手の質問に適切に応答できる。	・自分が伝えたい写真の内容の説明を自分の考えを入れながら，3文以上で説明している。 ・一部単語のみの発話や主語・動詞の欠落等が見られるが，伝えたい内容はだいたい理解できる。
C	・clear voice, eye contact などが不十分で，相手意識が見られない。	・自分の知りたい内容を質問できない。 ・相手の質問に適切に応答できない。	・自分が伝えたい写真の内容の説明が3文に満たない。 ・単語のみの発話や，主語・動詞の欠落等があり理解しにくい。

（2016年度「岐阜県英語教育イノベーション戦略事業」English Performance Test for elementary school students＜大垣市立中川小学校，小野小学校＞）

図16のとおり、両校では、評価の観点として、「コミュニケーション」「対話」「説明」を設定しています。評価規準は、表中の「B」に示されているものが相当します。そして「B」に加えて「A」と「C」の基準も設定しています。

　評価の観点や評価規準は、学校によって異なります。第2部では岐阜市立長良東小学校の実践（第3章「評価について」117～127ページ）を紹介しますので、そちらも併せてご覧いただき参考にしていただければと思います。

3 評価時期と評価方法
(1) 評価時期

　「考えながら話す」ためには、その言葉のとおり「考える力」が必要となります。話す力も考える力もすぐには身につきません。すぐに身につかない力を育てようとする教育が、「考えながら話す」力を育む英語教育といえます。

　したがって、評価時期は指導時期から時間を置いて実施することになります。たとえば、指導した時期が4月ならば、その定着状況を評価する時期は7月といった具合です。指導したあとですぐ評価することは、「考えながら話す」力を測定することができないばかりではなく、力がまだ身についていないのに評価することにより児童に不要な不安感をもたせたり、自信をなくす必要がないのに落胆させたりするといった非常に大きなデメリットがあります。

　評価時期については、2013年3月に文部科学省初等中等教育局が公表した「各中・高等学校の外国教育における『CAN-DOリスト』の形での学習到達目標設定のための手引き」に、以下のように記されています。

> 　授業改善のための評価は日常的に行われることが重要である一方で、生徒の学習の実現状況を記録するための評価を行う際には、単元等のある程度長い区切りの中で適切に設定した時期において評価することが求められる。その上で、学期や学年といった単位で学習の実現状況を総括することが必要である。
>
> （「各中・高等学校の外国語教育における『CAN - DOリスト』の形での学習到達目標設定のための手引き」文部科学省初等中等教育局）

　これは、外国語能力全般に関する評価時期について言及されているものですが、「考えながら話す」力の評価時期についても同様に「単元等のある程度長い区切りのなかで、適切に設定した時期において評価する」という考え方に基づくことが必要です。

また、スピーキングテストを実施するための時間を年間指導計画にあらかじめ位置付けておくことも見落としてはいけない大切なポイントです。年間で35時間の授業時数があり、年間3回スピーキングテストを実施（スピーキングテスト1回につき1時間）するのであれば、残りの32時間で各単元の指導を行うということです。

　また、スピーキングテストを実施し、それに加えて結果のフィードバックも行う場合1時間で足らないということであれば、足らない分も付加して年間指導計画に必要な時間を確保します。

(2) 評価方法

　授業時間中に児童を別室に呼んで行います。

　児童一人ひとりと教師（またはALT）がその場で対話するという方法と、2人の児童にその場で対話させるという方法の2つが考えられますが、後者がよいと思います。理由は2つあります。

> ・普段の授業では児童同士でのやり取りをさせているため、普段どおりの状況でテストをした方が不要な緊張感などを感じさせる恐れが少ない。
> ・限られた時間でテストを実施することが必要であると考えると、2人同時にテストを実施した方が、教師と児童とで対話するよりテストにかける時間を短縮できる。

　後者の理由で述べた所要時間の短縮という観点は、スピーキングテストを継続実施するためには不可欠です。無理のある実施では長続きしません。たとえば、35人学級で、スピーキングテストの実施に3分／人、フィードバックの実施に2分／人だとすると、1人の児童につき5分の時間を要し、約4単位時間が必要になります。これを年間3回行うと12単位時間になります。これだけの時間をスピーキングテストに費やすことは、あまり現実的とはいえないかもしれません。

　そこで、時間短縮のための実施方法の工夫として、以下の方法が考えられます。

・試験官を務める教師の人数を増やす。
・昼休みの時間を使う。
・フィードバックは紙面を通じて後日行う。
・単元終末の言語活動を、スピーキングテストを兼ねて実施する。

　いずれの方法も一長一短ありますが、何らかの工夫をすることで、テストとフィードバックの両者を確実に実施することが必要です。

「読むこと」「書くこと」の指導

　本書は,「考えながら話す」について述べています。つまり,「話すこと」と「聞くこと」です。
　一方で, 小外国語CSでは, 新たに「読むこと」と「書くこと」についても目標が明記されました。このことは, 現行の外国語活動との大きな違いです。
　そこで,「読むこと」「書くこと」についても, 指導を行う際の基本的な考え方等を述べます。
　上記のとおり, 従来の外国語活動と小外国語CSに基づく外国語科の大きな違いの一つは,「読むこと」と「書くこと」の領域が指導すべき領域として取り扱われたことです。この改訂は, 現行の外国語活動で指導を受けてきた児童たちの「読んだり書いたりすることもできるようになりたい」という声や, 中学校1年生の生徒たちの「小学校のときに, 読み書きの学習もしておきたかった」という声など, 子どもたちの実態も十分に踏まえての改訂と言えます。
　確かに, 県内の小学生を見ていても, 高学年ともなれば, 日常生活や英語の授業で目にする文字について「あれは何と読むの？」と文字に興味をもったり, 実際に文字を読もうとしたりする子どもの姿を多く見てきました。
　小学校高学年の段階から文字を扱うことは, 子どもたちのニーズに合っていると言えるでしょう。
　しかし, 十分に留意しなければいけないことは, 文字（簡単な語句や基本的な表現）を読んだり書いたりさせる際には, それらに音声で十分慣れ親しんでいるという前提があるということです。このことについては, 小外国語CSの解説に繰り返し述べられ強調されています。
　さらに, 受容語彙と表出語彙には差があることも踏まえなければいけません。要するに, 聞いて分かる語彙のすべてを話せるわけではないし, 読んで分かる語彙のすべてを書けるわけでもないということです。
　筆者も含め大人は, 自身が中学生の頃受けた英語教育は, 読み・書きが中心でした。教師の先行体験は, その教師が行う授業に何らかの影響を与えます。思い込みでの指導は禁物です。
　子どもたちのニーズから始まる小学校高学年段階での読み・書きです。「読めるようになりたい」「書けるようになりたい」という子どものニーズ, 願いに十分応える指導が必要です。そのためには,「聞いて→（そのうちのいくつかの語句や表現を）話して→（さらにそのうちのいくつかの語句や表現を）読んで→（さらにそのうちのいくつかの語句や表現を）書く」という4つの関係性や順序性をしっ

かりと踏まえることが大切です。

「聞くこと」「話すこと」「読むこと」「書くこと」の関係性・順序性

> 聞いて分かる語や表現
> →そのうちのいくつかの語や表現を使って話す。
> 　→さらにそのうちのいくつかの語句や表現を読む。
> 　　→さらにそのうちのいくつかの語句や表現を書く。

1 「読むこと」の指導における2つのアプローチ

　小外国語CSの「読むこと」と，2020年度からの小学校高学年における「読むこと」の指導は，大きく2つのアプローチから行うことになると筆者は理解しています。このことを図式化したものを図17に示します。なお，この図における「読むことができる」というのは，音声化できることと意味が分かることの2つの意味を指します。

　本県においては，下図の右側（文字の「音」を読むことができるようにする）のアプローチは十分な実践が積まれていません。一方，左側のアプローチは，これまでの外国語活動においても（読めるようにすることを目的とはしていませんが）行われてきました。文字付きの絵カードの利用などはその一例でしょう。第2部で紹介する岐阜市立長良東小学校の「読むこと」の指導（105〜111ページに掲載）も，下図の左側のアプローチです。

図17 「読むこと」の指導における2つのアプローチ

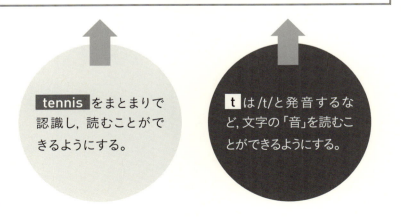

2 「読むこと」の指導における留意点

ここでは、前述の左側のアプローチ（まとまりで認識して読むことができるようにする）について述べます。

前節でも示したとおり、読ませる語句や表現は音声で十分に慣れ親しんだものに限定しなければいけません。

また、たとえば、like の発音を聞いてその意味が分かるという「音と意味の結び付き」がなされたうえで、like という発音を聞きながら、like という語に見慣れる段階が必要です。つまり、like という語を見て、それが /laik/ と発音され、「好き」という意味をもつ語なのだということを認識する段階です。その後、認識したその文字を、実際に音声化させます。このような指導を段階的に繰り返します。

留意点をまとめると、次のようになります。

「読むこと」の指導における留意点

○音声で十分に慣れ親しんだ語句や表現を読ませる
○読みたくなる活動の工夫
○文字の認識→音声化
○段階的な繰り返しの指導

このことについて、岐阜市立長良東小学校の6年生で行われたマッチングゲームを例に挙げて説明します。

マッチングゲームとは、神経衰弱というカードゲームと同じ要領で行うゲームです。二人一組で行います。机上に20枚のカードを裏向きに置きます。20枚のうち10枚には語が書かれており、残りの10枚には、それぞれの語の意味が日本語で書かれています。2人の児童は順番に2枚のカードを引き（表に向け）、語と意味がそろえば、それら2枚のカードを取ることができます。以下は、そのときに使用した20枚のカードです。

図18　**Matching Game**　ゲームで使用したカード

like	好きだ	what	なにを
play	〜をする	food	食べ物
eat	食べる	movie	映画
watch	見る	game	ゲーム
sushi	すし	Japanese	日本の

　このゲームは『Hi, friends! 2』のLesson 4で行われましたが，当該単元のSmall Talkですべての児童に共通して使用させていた語は次の4語（like, what, food, Japanese）でした。

図19　**Matching Game**　Small Talk で使用していた語
※すべての児童に共通して使用させていた4語には網かけしている。

like	好きだ	what	なにを
play	〜をする	food	食べ物
eat	食べる	movie	映画
watch	見る	game	ゲーム
sushi	すし	Japanese	日本の

また，これら4語以外の6語についても，4月以降，全単元ではありませんが繰り返し使わせてきた語ばかりです。つまり，10語すべてが，児童にとっては音声で慣れ親しんだ語ばかりだということです。

　その結果，授業においては，「カードに書かれている語が読めないからゲームに参加できない」という児童は1人もいませんでした。筆者はこの授業を参観しましたが，一度ゲームに取り組ませたあと，先生が「このカードに書いてある語が読めない，っていう語はあった？」と確認する場面がありましたが，児童からは一斉に「ない！」という返事がありました。それでも心配だった先生は，確認のために，「じゃあ，What's this?」と，何枚かのカードを児童に示しながら読めるかどうかを確認していましたが，どの児童も迷うことなく語を音声化することができていました。

　このように，音声に十分慣れ親しんだ語を選んで読ませることが必須です。なお，この先生は，このような指導（Small Talkで使用させてきた語を使ったカードゲーム）を，本単元に限らずほぼすべての単元で行っています。

　もう一つ別の実践を紹介します。

　これは，上記の「読むこと」の指導における2つめの留意点「読みたくなる活動の工夫」に相当する実践です。

　本実践は，「指示文を読もう」という多治見市立笠原小学校が独自に開発した単元です。この活動の概要は以下のとおりです。

「指示文を読もう」の活動概要

- 児童には1人1つの封筒が配られる。
- 封筒の中にはたとえば，"Go to the math room. Take a green dinosaur." と書かれた紙が入っている。この文が指示文。
- 児童は，封筒に入っている指示文を読む。
- 書かれている（指示されている）場所に行く。この例で言えば，算数教室（実際は，算数の少人数指導用に使用されている空き教室）へ行く。
- 指示された場所に正しく行くことができれば，指示文に書かれている物（上の例で言えば緑色の恐竜〈のおもちゃ〉）を発見することができる。
- 発見した物を持って教室に戻る。

　小外国語CSでは，聞いたり話したり読んだり書いたりする際に，「目的・場面・状況等に応じる」

ことが大切であるとされています。先に紹介したような目的のある言語活動に、「読むこと」においても取り組むことができるようにする工夫が大切です。

　本授業で児童たちは、まるで宝箱を開けるように封筒を広げて中に入っている指示文を読み、めいめいが指示文を読み、そこに書かれた場所へ笑顔で向かって行ったと聞いています。

3 「書くこと」の指導における留意点

　「書くこと」の指導においては、上述した次のことを十分に踏まえる必要があります。

「聞くこと」「話すこと」「読むこと」「書くこと」の関係性・順序性

> 聞いて分かる語や表現
> →そのうちのいくつかの語や表現を使って話す。
> 　→さらにそのうちのいくつかの語句や表現を読む。
> 　　→さらにそのうちのいくつかの語句や表現を書く。

　この考え方に立った指導として、長良東小学校の5年生の英語授業では、下のような学習プリントが作成されました。

「書くこと」の指導で作成された学習プリント

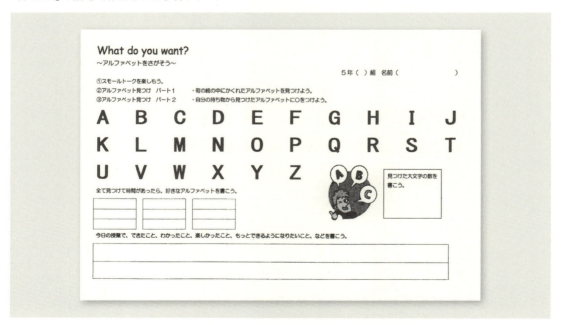

これは，家庭からTシャツやお菓子の空き箱など，英語が書かれているものを持ってこさせ，それを見ながら，アルファベットを見つけさせる活動を実施した際の学習プリントです。児童たちは，見つけたアルファベットに○を付けます。そして，「全て見つけて時間があったら，好きなアルファベットを書こう」と好きなアルファベットを自分で選んで見ながら書き写させています。読ませる（識別させる）アルファベットはA～Zまですべてですが，書かせるのはそのうちのいくつか（この学習プリントでは最大3つ）としているということです。

　もちろん，小外国語CSでは，活字体で書かれた大文字と小文字はすべて読んで書けるようにすることが目標とされましたので，好きなアルファベットだけ書けるようになればよいというわけにはいきません。文科省新教材では，楽しくゲームに取り組みながらすべての活字体の大文字と小文字を読んだり書いたりできるような内容となっています。

　「書くこと」の指導においては，児童によって書けるようになるまでに要する時間差（個人差）が大きかったり，大人が思っている以上に文字を書くことに時間がかかる児童が多くいたりするなど，踏まえておく必要があることが何点かあります。これらの留意点については，小外国語CSの解説に示されています。

　また，「書くこと」の言語活動には，他の領域の言語活動にはない特徴があります。それは，「書いたものは残る」ということです。このことに鑑みれば，書けるようになっていく変容を児童自身に自覚させ，学習への大きな動機付けになる可能性があるとも言えます。

　下の写真は，単元終末に「学校で私が好きなもの・場所」について書かせたものを画用紙に清書させ，学級の背面掲示として活用した事例です。このような工夫も，児童の「書くこと」への学習意欲を高めることになると考えます。なお，本実践について先生は課題があったと振り返っています。詳細は第2部をご覧ください。

「学校で私が好きなもの・場所」を書いた作品例

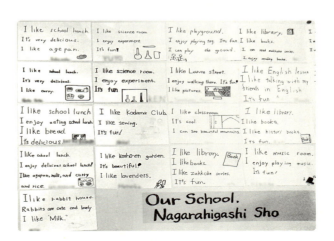

第2部
実践編

岐阜市立長良東小学校の実践

武部八重子

授業に込めた願い

　小学校高学年を指導するなかで,「先生,わたし英語が好き。自分の言いたいことを相手がわかってくれると『伝わった！』とうれしくなるし,友だちの好きなことを新しく知るのも楽しい。なかなかうまく言えなくて難しいなって思うときもあるけど,言いたいことが伝わるとうれしいから,もっといろいろ英語で言えるようになりたいって思う」という児童の言葉に出会いました。

　「自分の思いを表現したい」「相手に自分のことをわかってほしい」というのは人間がもつ根源的な欲求であり,この言葉はこうしたコミュニケーションの本質を表すものです。

　また,外国語の習得において,「自分の伝えたいことを,日本語を介さずなんとか相手に伝えることができた」という経験を積むことで,児童は「自分は外国語でコミュニケーションができる」という喜びを味わうことができます。

　そしてこの喜びを繰り返し味わうことが児童の自信となり,英語学習への関心・意欲が高まるとともに,より自律的に学習に取り組むことができるようになるのではないかと考えます。

　英語によるコミュニケーションを楽しみ,積極的にコミュニケーションを図ろうとするなかで,身近な話題について,伝えたい内容と使いたい英語表現を同時に思考・判断しながら,自分の思いや考えなどを表現する児童を育てたいと願い,授業改善に取り組んできました。

　自分自身の本当のことを,その場で考えながら話したり,話したことを読んだり書いたりする力をつけるために実践してきたことについて,第1章「話すこと［やり取り］」の指導,第2章「読むこと」「書くこと」の指導で述べます。第3章では,考えながら話す力,話したことを書く力をどのように見届けるのか,評価について述べます。

第1章 「話すこと[やり取り]」の指導

> **第1節** 「計画的に」「繰り返し」指導するために小中9年間を見通した
> 話題別学習到達目標を設定

　岐阜市では2004年度より，第1, 2学年では外国語活動として，第3〜6学年では英語科（教科）として，2015年度からは全学年英語科（教科）として英語を指導しています。英語の指導に充てることができる授業時数は，第1, 2学年で年間18時間，第3〜6学年で年間35時間です（2017年度）。

　「外国語を使って何ができるようになるか」という観点から，「聞くこと」「読むこと」「話すこと[やり取り]」「話すこと[発表]」「書くこと」の5領域別の学習到達目標を作成しました（【巻末資料1・2】岐阜市立長良東小学校「外国語（英語）科」における各学年の学習到達目標）。

　実践を重ねるうちに，「英語表現の繰り返しの指導を計画するには，領域別の目標を踏まえたうえで，児童の身近な話題ごとの到達目標を設定した方が具現しやすいのではないか」ということに思い至りました。

　音声でのやり取りを中心とする実際のコミュニケーションの場では，「聞くこと」だけ，「話すこと」だけ，といった単一の領域の能力が求められるものではありません。相手の話すことを聞いて自分の考えを述べる，相手の話すことを聞いてさらにくわしく尋ねるなど，複数の領域の能力を同時に発揮することが多いものです。

　また，週1時間の限られた時間で小学校高学年の児童に初歩的な英語運用能力を育成するには，以下の2点が効果的です。

　　(1) 児童同士による1対1の対話の場を設定し，
　　(2) 身近な話題について，自分自身の本当のことを伝え合うやり取りを繰り返す。

　この2点について，より具体的な目標も児童の姿（発話例）で描くには，領域別の目標だけではなく話題別の学習到達目標も設定するとよいのではないかと考えました。

　そこで，岐阜市立東長良中学校と連携を図り，「自分の好きなもの」「ふるさとのこと」などいくつかの話題ごとに小中9年間を見通した目標を考え，「話題別学習到達目標」を設定しました。（【巻末資料3・4・5】話題別学習到達目標〈1〜6年〉）

この目標を作成する際には，東長良中学校の英語科主任と協議を重ね，小中共通の話題を整理し，各学年でどのような対話ができるようになればよいのかを明らかにしました。その際，中学校の教科書で取り扱われる話題についても整理・分類しました。

　これは，同種の話題について対話を繰り返すなかで，英語表現の繰り返しの使用を計画的に行うことを意図したものです。それぞれの話題を軸に，各学年の終末段階で「どのような内容を」「どのような方法（英語表現）で」「どの程度」やり取りできるようになっていればよいのかを明らかにしました。

　これにより，年間を通じた，さらには学年をつないだ系統的な指導を計画し，実際のコミュニケーションのなかで使用させながら英語表現の定着を図ることをめざしました。各段階でどこまで求めるのかをより明確にして指導するため，目標を具現した児童の対話例を付加するとともに，実践を繰り返すなかで目標の改訂を進めました。

「言語活動と英語表現の柔軟な取扱い計画表」の作成

　話題別学習到達目標をもとに，「言語活動と英語表現の柔軟な取扱い計画表（試案1・試案2）」（【巻末資料6・7】）を作成しました。

　試案1は，英語表現の繰り返しの使用をより効果的に行うために，「どの英語表現を」「どの時期に」「どの言語活動で」「どのような対話で」使用させるかを明確にするため作成したものです。ここで想定した言語活動は，授業のはじめに行うSmall Talkです。

　試案2は，Small Talkについての指導計画を「学習活動（前半）」に示すとともに，「読むこと」「書くこと」への慣れ親しみを促す言語活動についての計画も盛り込んでいます。これについては，「学習活動（後半）」の欄に示しています。

　第5学年での実践を例にあげて説明します。話題「学校や家庭での思い出」についての第5学年の学習到達目標は，以下のとおりです。

・野外学習，夏休み，冬休み，1年間の思い出などについて，（話題）

・話し手は，楽しかったこと（したこと）とその理由，自分の気持ちなどを，（内容）

・I liked 〜., I enjoyed 〜., Because 〜. などの表現を用いて話しながら，（方法）

・聞き手は，初歩的な対話方略を用いたり，相手が言ったことに関する即興的な質問をしたりしながら，（方法）

・3往復程度の対話をすることができる。（程度）

「学校や家庭での思い出」についての第5学年の学習到達目標

過去の出来事に関わる互いの考えや気持ち，その理由を伝え合う場では，動詞の過去形などを用いることがほとんどです。これらの英語表現を用いて，野外学習や長期休暇などで児童が実際に体験したことについて，既習表現を活用して自分の考えや気持ちを伝え合う場を「繰り返し」「計画的に」位置付けました。

　たとえば，9月のSmall Talkで夏休みの思い出についてI went to 〜., I enjoyed 〜., I ate 〜., などを用いてやり取りします。このあと，1月のSmall Talkでも同様の英語表現を用いて冬休みの思い出についてやり取りする，といったようにです。こうした計画を，どの段階でどこまで身に付けることをめざすのかを明確にして指導しました。また，いつまでに何がどこまでできていればよいのかを明らかにしたことで，定着状況をよりていねいに見届けることをめざしました。

　同じ，「思い出について対話する」という言語活動でも，5年生9月段階でどこまで求めるか，1月段階では……と，対話例を考え，具現をめざす児童の姿をはっきりさせたことで，「今の段階ではここまで」と，見通しをもって指導することができました。

第2節　Small Talkについて

1 Small Talkとは

　高学年では，身近な話題について児童同士がやり取りする対話活動として，Small Talkを毎時間はじめに位置付けています。

　好きな食べ物やスポーツ，その理由，行事や長期休暇の思い出など，児童が興味・関心のある身近な話題について，自分自身の考えや気持ちを伝え合うことを楽しみながらやり取りする言語活動です。既習の英語表現（前時までに学習した基本的な表現や簡単な語句）を繰り返し使用する機会を保障し，その定着を図るために行うものです。

　授業のはじめに1分程度の対話を相手をかえて3回程度行います。

2 Small Talkを行う目的

　Small Talkを行う主な目的は，以下の2点です。

> （1）既習表現を繰り返し使用できるようにして，その定着を図る
> （2）対話を続けるための基本的な表現の定着を図る

　それぞれの詳細について説明します。

(1) 既習表現を繰り返し使用できるようにして，その定着を図る

　これまでの外国語活動においては，児童が単元の新出の英語表現に慣れ親しむことに重点が置かれていました。一方で，複数単元を通じた系統性が弱く，英語表現の使用が単元ごとで完結している場合が少なくありませんでした。

　2017年（平成29）年3月に告示された小学校学習指導要領「外国語」（以下「小外国語CS」という）に基づく外国語科の指導は，英語表現の定着にも重点が置かれています。児童が，現在学習している単元及び当該単元より前の単元で学習した英語表現を繰り返し使用できる機会を保障し，英語表現のいっそうの定着をめざすことが求められます。

(2) 対話を続けるための基本的な表現の定着を図る

　「話すこと」によるコミュニケーションを行う際に欠かせないのが「対話を続けるための基本的

な表現」（以下「対話方略」という）です。私たちが母語で対話をする際にも，相手の話を黙って聞いているという状況はあまり多くないでしょう。相手の話した言葉を繰り返して話し手が伝えたい内容を確かめたり，相手の話したことに何らかの反応を示したりすることを自然に行い，対話を続けています。

そこで，対話方略として，主に次の6点を指導しています。

対話方略例

① 対話の開始	対話のはじめのあいさつ "Hi." "Hello." "How are you?" "I'm good. How are you?" 等
② 繰り返し	相手の話した内容の中心となる語や文を繰り返して確かめること （相手）"I went to Tokyo." （自分）"You went to Tokyo." または "Tokyo." 等
③ 確かめ	相手の話した内容が聞き取れなかった場合に再度の発話を促すこと "Excuse me?" "Say that again, please." 等
④ ひと言感想	相手の話した内容に対して自分の感想を簡単に述べ，内容を理解していることを伝えること "That's nice." "Really?" "Sounds good." "No way." 等
⑤ さらに質問	相手の話した内容について，よりくわしく知るために，内容に関わる質問をすること （相手）"I like fruits." （自分）"What fruits do you like?" 等
⑥ 対話の終了	対話の終わりのあいさつ　"Nice talking to you." "You too."

このような対話方略が，実際の対話でどのように用いられているのか，以下に「好きな給食」についての児童の対話例を示します。

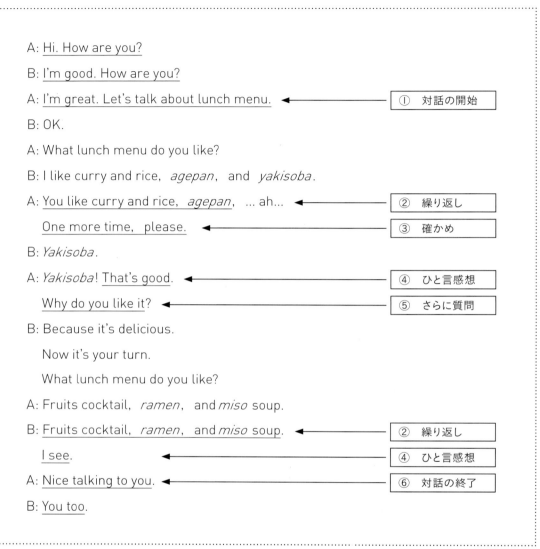

「好きな給食」についての児童の対話例

① 対話の開始

　まず，簡単なあいさつからやり取りを始めます。実際の生活でも，日常的な話題について話すときに，いきなり本題にふれることはなく，「元気？」などの簡単なあいさつを行うことが多いからです。

② 繰り返し

　相手の話した内容について，主語をIからYouに置き換えて繰り返します。こうした繰り返しを頭で考えなくてもできるようになると，児童は「なんだか英語で話が続けられるようになってきた」と実感するようになります。

③ 確かめ

　相手の言ったことがよくわからず，もう一度聞きたいときは，"One more time, please.""Excuse me?" などの英語表現を用いてたずねるよう指導します。

④ ひと言感想

　相手が答えた内容に共感したときは "That's good."，驚いたときは "Really?"，いやだと思ったときは "No way!"，納得したときは "I see." などと言うことを教えます。

　②の「繰り返し」と同じで，継続的に指導すると自然と言葉が出てくるようになり，児童自身が「話せるようになってきた」と実感するようになります。

⑤ さらに質問

　相手の話した内容（ここでは "I like yakisoba."）について，"Why do you like it?" と聞くなど，さらに質問するよう促します。

　"When 〜?" "Where 〜?" "With who?" など，さまざまなWH疑問詞を含む基本的な表現を使用し，より内容に深まりのある対話ができるようになることをめざします。

　こうした対話をさまざまな話題について毎時間繰り返し行うことで，初歩的な対話方略の定着を図りました。

3 Small Talkの指導で大切にしたいこと

　前で述べた「言語活動と英語表現の柔軟な取扱い計画表」（【巻末資料6】）には，年間35時間の授業で行うSmall Talkのすべての話題及びめざす児童の対話例を明記しています。

　既習表現を活用して，児童同士が1対1で自分の考えや気持ちを伝え合う場を保障し，過去の単元で学習した英語表現を繰り返し用いてやり取りができるようにします。こうすることで，各単元での学習を単発的なものにせず，思考・判断・表現することを繰り返し，「生きて働く知識・技能」を身に付けさせたいと考えました。

　具体的には，

① 教師と児童が表現内容の授受を楽しみながらやり取りするなかで，意味のある文脈で英語を類推して聞き，新出の英語表現の形式や用法に児童が気付く

② 児童同士が1分程度の対話を行い，提示された話題についてやり取りしてみる

③ 英語でうまく伝えられなかったことを質問し，自分が伝えたい内容を表現するのに必要な英語表現の知識を得る・思い出す

④ 対話方略を適切に用いることができているか振り返る

⑤ ②, ③を繰り返して計3度対話する

といった手順で学習活動を行っています。

　児童の達成状況については，年3回のパフォーマンス評価（対話によるスピーキングテスト）を行っています（スピーキングテストについては第3章で詳述します）。なお，Small Talkの指導方法についても，東長良中学校と連携を図り，系統的な指導を行っています。具体的には，小学校で指導した対話方略や，活動の途中で指導すること，指導方法などについて共通理解を図りました。

　以下，Small Talkの指導方法の具体例について説明します。

◾️4 Small Talkの指導の流れ
(1) 導入－教師と児童が表現内容の授受を楽しみながら行う－

　授業のあいさつのあと，本時のSmall Talkで取り上げる話題について，教師が自分自身の本当のことを話したり，児童に問いかけたりして，内容を楽しみながらやり取りをします。

　教師と児童によるやり取りから，本時の話題，内容と，それらについて話す尋ね方や答え方に気付かせることを意図しています。

　たとえば，冬休み明けの授業では，以下のようなやり取りで話題を導入しました。

T: Did you enjoy the winter vacation?
　　I went to Osaka. It was fun!
　　I ate many delicious food.

S₁: *Tako-yaki*? *Okonomi-yaki*?

T: Yes! I like *modan-yaki* very much.
　　Well, how about you, S₁? Did you enjoy the winter vacation?

S₁: Ah…, I…, grandmother house. Fun!

T: Oh, you went to your grandmother's house, and it was fun.
　　That's nice. How about you, S₂?

S₂: I … *osechi*. Delicious!

T: You ate *osechi*, and it was delicious. That's good.
　　What *osechi* food do you like?

S₂: I like *datemaki*. …

T : OK, please talk about the winter vacation.

Small Talk 導入例

児童とのやり取りを英語で繰り返すなかで，児童が返答に窮し沈黙に陥った場合，以下のような支援を行います。

- 具体例を挙げる（教師自身のこととして発話する）。
  "Did you enjoy the winter vacation?" と問われて，児童が何を問われているのかわからず，沈黙してしまった場合，
  "I went to my grandparents' place." "I enjoyed eating *osechi*, I enjoyed playing *fukuwarai*, … ."
  "How about you? What did you do?" などと例を挙げながら問いかける。
- 別の児童に同じ質問をして，その応答から気付きを促す。
  別の児童が答えているのを聞いて，はじめは答えられなかった児童も，「そう言えばいいのか」と気付けるようにする。
  （必ずはじめの児童に再度聞く。自信をなくさせない）

なお，内容のやり取りを前提としながら，たずね方や答え方にも児童が気付けるようにします。

使用させたい英語表現について，黒板に文字を書いたり，「I enjoyed～.と言うのですよ」などと言ったりして，明示的に示すことはしません。また，「先生のあとに続いてリピートしましょう」など，機械的に練習させることも極力避けます。

本当のことについてやり取りするなかで，英語が実際に使われているのを聞いて「気付く」ことが，言語習得のうえで重要だからです。

Small Talkを初めて行うときに，「先生とみんながやり取りするときには，どんなことを話しているのかな，と想像しながら聞くといいよ」などと，あらかじめ助言しておくとよいでしょう。

なお，英語で何と言うかが分からないのではなく，そもそも伝えたい内容を想起できない児童もいます。そのため，やり取りのなかでイラストや写真などの視覚資料を提示し，児童がイメージを膨らませることができるようにします。

(2) 1回目の対話のあとで指導すること −既習表現を想起できるようにする−

　児童同士が1回目の対話を行ったあと,児童が伝えたくても英語で表現できなかったことはないかを確認します。

　児童が前時までに学習した英語表現で表現できる内容について質問した場合,教師はすぐに答えるのではなく,学級全体に問いかけたり,ペアやグループで相談させたりして,英語での言い方を考えられるようにします。

　それが,質問した児童以外の児童にも既習表現を想起させ,2回目の対話での使用を促すことにつながると考えるからです。

　未習の英語表現については,平易なものは教師が教え,難易度の高いものは日本語を用いています。

T: Do you have any questions?

S_3「お年玉」って,何て言いますか?

T:「お年玉」って,何て言えばいいかな?(と,全体に問いかける。)

S_4: Money!

T: そうだね。お金だからmoneyが使えるね。
　　新年にもらうお金だから……。

S_5: New Year money?

T: そうだね。New Year's moneyと言えば伝わるね。

S_6:「おいしかった」は?

S_7: Deliciousだよ!

既習表現を想起させる指導例

(3) 2回目の対話のあとで指導すること

　伝えたいことを言うための英語表現を想起させたり教えたりしたあとに,教師が何名かの児童とやり取りをします。

　発話に不安のあるほかの児童が「そう言えばいいのか」と気付いたり,自分の話したことを振り返ったりすることを意図しています。

　なお,「伝えたい内容」としてあまりにくわしいことを言おうとすると,用いる英語表現の難易度も上がります。

たとえば、「北海道に行ってみたい」と言う児童が理由を問われ、「私は暑いのが苦手だから、北海道なら涼しく過ごせるから……」と言いたい場合、その言葉どおりに英語で表現するのは、高学年の児童にとっては難しいでしょう。

そこで、「言いたいことを、もう少しシンプルにできないかな」などと問いかけると、ほかの児童から「『北海道は涼しい』なら、"Hokkaido is cool!" でいいんじゃない」という案が出てきます。

このように、児童が、英語にすると難しくなる内容を伝えようとしている場合は、平易な日本語にできないか問い返したり、ほかの児童も巻き込んで考えたりするようにしています。

また、こうした場面で児童が出した案が不完全な英語であったとしても、「なるほど、よく考えたね」などと、いったんは受け止めるようにしています。

せっかく考えた英語がまったく的外れなものだった、と感じる経験が続くと、既習の英語表現を用いてなんとか表現しよう、という意欲自体が低下してしまうからです。

児童のアイデアをいったんは受け止めたうえで、ほかの児童にさらに投げかけたり、ヒントを出したりしながら、適切な言い方を提示するようにしています。

5 自身の対話を振り返るようにする

Small Talk を授業で始める当初は、対話後「相手の言ったことを繰り返して言えたか」「ひと言感想を言うことができたか」などを確認し、対話方略の使用に意識を向けるようにします。

これらが定着し、意識しなくても自然と繰り返したり、反応したりできるようになったら、「"What 〜 do you like?" や "Why do you like it?" を使って、相手の話に関わってさらに質問できたか」など、より高度な「対話を続けるための基本的な表現」の定着を図ります。

もちろん、毎時間の Small Talk の導入部分で、児童に使用させたい英語表現を教師が意図的に繰り返し使用し、児童が「ああ、くわしく聞くには、ああやって言えばいいのだな」と、気付けるような指導も継続して行います。

また、児童が "*Osechi*." などと単語のみで答えたり、不完全な英文で対話したりしている場合、自然なやり取りを続けながら、"You ate *osechi*." などと正しい英文で応答し、児童の気付きを促します。

6 すぐできなくても焦らない・長いスパンで伸びを確かめる

文部科学省が作成した新教材『We Can !』の第6学年学習指導案にも、Small Talk が位置付けられています。

Unit 5 My Summer Vacationでは、夏休みに訪れた場所を伝える表現 "I went to 〜." や、楽し

んだことを伝える表現 "I enjoyed 〜.", 食べたものを伝える表現 "I ate 〜.", 感想を伝える表現 "It was fun." などを使用して,夏休みの思い出についてやり取りします。

これらの英語表現を用いて,自分自身や相手の本当のことについて伝え合う言語活動として,Small Talkを行うことが想定されています。

Unit 5で過去の出来事や気持ちについて伝える基本的な表現を学習したあと, Unit 7 My Best Memoryでは,小学校生活の思い出についてやり取りします。ここでは,話題は変わりますが,過去の出来事について伝え合うということは共通しています。ですから, Unit 5で学んだ,過去形を含む英語表現を繰り返し用いることになります。

さらに,冬休み明けに「冬休みの思い出」についてやり取りすることもできます(これは,文科省新教材ではなく,長良東小学校独自の指導計画です)。

こうしたことの繰り返しにより,児童に既習の英語表現を想起させ,当該英語表現(ここでは過去形を含む基本的な表現)の定着を図ることができます。

新出の英語表現について1つの単位時間や単元のみで使えるようにしようと思わず,長いスパンで定着を図ろうとする心構えが大切です。

言葉を使えるようになるには,時間がかかるものです。ですから,言語習得の特性を踏まえた指導観に立ち,既習の英語表現を活用して行う実際のコミュニケーションの場を保障し,意図的な繰り返しの指導を行いましょう。

7 自分の気持ちをSmall Talkで

Small Talkを行う際は,誰かになりきって話したり,役を演じて擬似的な対話をしたりするのではなく,教師や児童が自分自身に関する本当の出来事や気持ちなどについてやり取りすることが大切です。

誰かになりきったり,役を演じたりしているときは,「このことを伝えたい」という,伝えたい内容をもちにくいからです。

また,「このことを伝えたい」と,児童が必要を感じているときに,伝えたい内容を表現するための英語表現を教えると,児童の印象に残ります。

自分自身のことについて,表現内容の授受を楽しむなかで,児童が既習表現を想起できるような指導・支援を行い,既習表現や対話方略の定着を図ります。

第3節　目的のある「話すこと」の言語活動

　ここでは, Small Talkではなく, 単位時間の中心となる言語活動について紹介します。
　小外国語CSでは, 英語を用いてコミュニケーションをする際の「目的・場面・状況」の重要性が強調されています。
　そこで, 児童が目的をもって伝え合う「話すこと [やり取り]」の言語活動について, ２つの試みを紹介します。

1 実践事例1「夢の時間割をつくろう」

　第５学年の実践で, 話題「１日の予定」について,「５年○組の『夢の時間割』を決めよう」という課題を設定して言語活動を行いました。
　本単元は『Hi, friends! 1』Lesson 8「夢の時間割をつくろう」をもとにしています。Lesson 8の内容をさらに発展させ, 自分自身の本当のことについてやり取りする言語活動を行えないかと考えて計画したものです。
　児童は自分の好きな教科を組み合わせて夢の時間割をそれぞれ作成し,
"What do you study?"
"I study 〜."
"What is your special subject?"
"My special subject is 〜."
"Do you like my dream schedule?"
"Yes, I do. / No, I don't."
"Why? / Why not?"
といった英語表現を用いながら相手をかえて繰り返し対話し, 自分の夢の時間割を説明したり相手の考えを聞いたりします。
　本時は全４時間単元の第３時ですが, 第１時に, 以下の３点を知らせます。
・単元の後半に夢の時間割をつくる。
・夢の時間割には, 好きなことができる「特別教科」を入れる。
・みんなの案から１つ選び, その時間割を実際に行う。
　前時までに, スリーヒントクイズやマッチングゲームなどのゲーム活動を行い, 教科名を英語で言えるようにします。

尋ね方や答え方については，Small Talkの導入部分と同じように，活動前に教師が複数の児童とやり取りしながら例示し，どのようにたずねたり答えたりすればよいか，児童が気付けるようにします。

また，児童はやり取りする前に，自分自身の夢の時間割を計画し，教科名を英語で記入した「夢の時間割表」を作成し，それを持って対話します。

以下はその対話例です。

S₁: （あいさつ後）Let's talk about dream schedule.

S₂: OK.

S₁: What do you study?

S₂: I study English, math, P.E., arts and crafts, music, and (the) special subject.

S₁: What is (your) special subject?

S₂: (My special subject is) *Toso-chu*（逃走中）.

S₁: *Toso-chu!?* No way! I don't like tag*.

S₂: I see. (Now it's) your turn. What do you study?

S₁: I study science, Japanese, home economics, home economics, and P.E.

S₂: That's nice. I like home economics too.

　　What cooking?

　　（正しくは What do you want to cook?）

S₁: I want cooking curry and rice.

　　（正しくは I want to cook curry and rice.）

S₂: Curry and rice. Sounds nice!

　　What is your special subject?

S₁: (My special subject is)

　　Othello tournament*.

S₂: Othello. I see.

S₁: Do you like my dream schedule?

S₂: Yes.

S₁: Thank you. Why do you like it?

S₂: Because I like cooking!

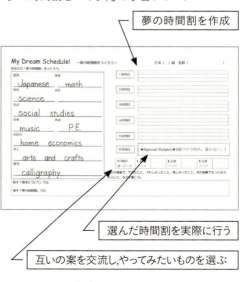

「夢の時間割をつくろう」の学習プリント

夢の時間割を作成

選んだ時間割を実際に行う

互いの案を交流し，やってみたいものを選ぶ

*tag: 鬼ごっこ　　*othello tournament: オセロ大会

このような対話を, 相手をかえて数回行いました。
　聞き手は, 相手が提案した時間割をやってみたいかどうか, 3段階（◎・○・△）で判断して伝えることとします。
　第4時には, その結果をもとにdream scheduleを班で1つ選びます。選んだ時間割の教科名を画用紙に英語で書き写し, 各班の案を学級に提示します。
　英語で書かれた6つの時間割表を見比べ, 自分がやってみたい時間割に投票して「5年○組の『夢の時間割』」を決定し, 後日実際にその時間割を行いました。
　こうすることで, 児童が「やってみたい時間割を選ぶために, それぞれの時間割のよさを尋ねたり説明したり, 文字を読んだり書いたりする」という, 課題解決の目的をもって言語活動に取り組むことをねらいました。
　なお, 例を見ると分かるように, "What cooking?" "I want cooking curry and rice." など, 児童はいくつかの間違った英語表現を用いて対話しています。これらは, 言い直させたり, 指摘したりせず, 自然なやり取りのなかで気付きを促す指導を行います。
　たとえば上記のような誤りが多い場合, 活動をいったん止めて教師と児童によるやり取りを行い,

S: What cooking?
T: <u>What do I want to cook?</u>
　 I want to cook *tako-yaki*.

のように, 正しい英文で児童の質問を（教師自身の立場で）繰り返したあとに, 質問された答えを伝えます。
　こうした営みを繰り返すと, 児童自身が誤りに気付き, 自分の発話を振り返って訂正していくことができるようになります。
　なお本実践を行うにあたり, 多治見市立笠原小学校の勝部佳純先生にご助言いただきました。

2 実践事例2「クイズ大会をしよう」

　第5学年の実践で,「クイズ大会をしよう」という課題を設定して言語活動を行いました。これは『Hi, friends! 1』Lesson 7 What's this? をもとにしたものです。『Hi, friends! 1』の内容を発展させ, 児童が「クイズに正解する」という目的をもち, その場で考えてやり取りする楽しい言語活動を行いたいと考え, 計画したものです。

児童は，

"It's blue."

"It's a robot."

"It's a cat robot."

"What's this?"

"I know! It's Doraemon!"

といった英語表現を用いたスリーヒントクイズを相手をかえて繰り返し，楽しみます。

　本時は全4時間単元の第4時ですが，第1時に，「単元の後半にオリジナル漢字クイズ大会を行う」ことを伝えます。

　第1時には，『Hi, friends! 1』のイラストを用いて，パーツクイズ，ポインティングゲーム，メモリークイズなどを行います。

　ここでは，さまざまなものの名称やその形状を表す形容詞に慣れ親しませることをねらいました。

　第2時には，イラストカードを用いたスリーヒントクイズを行います。児童が事前に描いたイラストカード（イラストは，『Hi, friends! 1』Lesson7の誌面に準じたもの）を回収し，シャッフルして再配付します。児童は事前に準備することなくその場で考えてヒントを出すことになります。ここでは，スリーヒントクイズの形式に児童が慣れることもねらっています。

　第3時には世界の国を1つ選び，その特徴を漢字1文字で表したヒントを3つ考えます。漢字を1文字ずつ見せながら，同時に英語でもヒントを出し，スリーヒントクイズを行います（実践を100ページに掲載）。

　第4時（本時）は，第3時と同様の形式で，キャラクターをテーマにスリーヒントクイズを行います。

　出題のしかたや答え方は，Small Talkの導入部分と同じように，活動前に教師が複数の児童とやり取りしながら例示します。どのように尋ねたり答えたりすればよいか，児童が気付けるようにします。

　児童は，好きなキャラクター，または多くの児童が知っているキャラクターについて，3つのヒントをそれぞれ漢字1文字で考えます。出題者はヒントの漢字カードを1枚ずつ相手に提示し，"What's this?"と問いかけます。解答者は"It's blue?"などと確かめたり，"I don't know. What's this?"と漢字の意味を尋ねたりします。その後，3つのヒントから類推し，出題されたキャラクターの名前を当てます。

　以下は，実際に児童が考えた問題とそのやり取りです。

S₁: (漢字「機」を見せて) What's this?

S₂: Um... I don't know. What's this?

S₁: It's a robot.

S₂: Robot? Um... next hint, please.

S₁: (漢字「青」を見せて)
　　Here you are.

S₂: Blue?

S₁: Yes. It's blue.

S₂: Robot, blue.
　　Um... next hint, please.

S₁: OK. (漢字「猫」を見せて)
　　Here you are.

S₂: It's a robot, blue, cat.
　　Oh, I know!
　　It's Doraemon!

S₁: That's right!

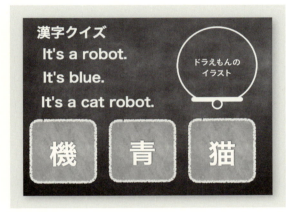

漢字クイズ

※児童が見せるのは「機」「青」「猫」の漢字カードのみ。

　活動前に準備するのは３枚の漢字カードのみで，ヒントの英語表現についてはその場で考えながら話すようにします。

　一般的にスリーヒントクイズでは，出題者は，相手がかわっても同じ英語表現を順番に発話すればよいため，ヒントの英文を事前に準備し，分からないところは先生に教えてもらって覚えておき，覚えた英文を順に言う，といった発話になることがあります。

　しかし，第２節「Small Talk について」でも述べたように，事前に「覚えた」英文を１文ずつ順に言うだけでは，「話すこと［やり取り］」の領域において求められる，「その場で質問をしたり答えたりして伝え合う」力を育むことは難しいです。

　そこで，クイズをする際に児童が使用することが予想される簡単な語句や基本的な英語表現について，ポインティングゲームやマッチングゲームなど，簡単なゲームを通して言い慣れるための言語活動を行い，実際の「スリーヒントクイズ」は即興的に行います。

また、キャラクターについての漢字クイズ（スリーヒントクイズ）をする前に、「世界の国々」について同様の漢字クイズをしました。

> S₁:（漢字「寒」を見せて）What's this?
> S₂: Cool? Cold?
> S₁: Yes, it's cold.
> S₂: Um... next hint, please.
> S₁:（漢字「広」を見せて）What's this?
> S₂: I don't know. What's this?
> S₁: It's big. It's very big.
> S₂: Big. I see. Um... next hint, please.
> S₁:（漢字「雪」を見せて）What's this?
> S₂: Snow?
> S₁: Yes, that's right.
> S₂: I know! It's Russia!
> S₁: That's right!

類似の英語表現を活用しながら、異なるテーマ（話題）について同じ形式のやり取りをすることで、この単元で学習する英語表現や前時までの既習の英語表現の定着を図ることを意図したものです。

自分が用意したクイズを行うだけでは、いくらその場で発話するとはいえ、相手をかえて繰り返すうちに、ヒントとして話す英文は固定化していき、「考えながら話す」という必然性が低くなります。そこで、漢字クイズ（スリーヒントクイズ）を楽しんだあと、さらに、出題するキャラクターをその場で提示し、事前に準備せず、ヒント自体もその場で考えて行う「キャラクター当てクイズ」も行いました。

このクイズでは、まず、ペアでじゃんけんをして負けた方が目をつぶります。先生はじゃんけんに勝った児童に、児童になじみのあるキャラクターの絵を提示します。

じゃんけんに勝った児童は出題者となり、先生に見せられたキャラクターについて、その場で考えてヒントを出します。

じゃんけんに負けた児童が解答者となり、出題者の即興的なヒントを聞いてキャラクターを当てます。

以下は実際の児童のやり取りです。

S₁: It's blue and yellow.

S₂: Blue and yellow?
　　Um... one more hint, please.

S₁: OK. It's water fairly.

S₂: Water? Fairly?

S₁: Yes.

S₂: Um...
　　One more hint, please.

S₁: OK. It's drop.

S₂: Drop? Drop???

S₁: Yes. It's drop.
　　（と言いながら，指でしずくの形を作る）

S₂: Oh, drop. しずく？　あっ，I know! It's Gifu character, Minamo!

S₁: That's right!

キャラクター当てクイズ

多くの児童が，事前の準備がなくても，その場で提示されたキャラクターについて，色や形などの視覚的な特徴を捉えたり，そのキャラクターについての既得の知識，既習の英語表現を想起したりして，その場で考えながらヒントを出すことができていました。

たとえば上記クイズの出題者は，まずキャラクターの色に着目し，"It's blue and yellow." というヒントを出しました。

次に，「このキャラクターは水の妖精である」ということをヒントにしようと考え，"It's (a) water fairly." というヒントを出しました。fairly という単語は一見難しく感じますが，アニメやゲームなどでよく用いられるカタカナであることから，児童にとってはなじみのある英語のようでした。

まだ正解が出ないのでさらにヒントにできることはないかと考え，しずく型の顔に注目して "It's (like a) drop." というヒントを出しました。この児童は，この単元を行うずいぶん前に「好きなキャラクターとその理由」についてのSmall Talkで，「しずくって英語で何て言うのですか」と質問し，そのとき drop という単語を初めて知りました。そのことを思い出し，キャラクターについて相手に伝えるために使用していました。

自分が好きなもののこと，自分自身が相手に伝えたいと思っていることを伝えるのに必要な言葉だったからこそ，教えられた語句が印象に残り，場面が変わっても思い出して使用することができたのです。

　繰り返しになりますが，児童の話す英語表現が不完全なもの（ここでの "It's (a) water fairly." のように，冠詞などの機能語がない文など）であっても，言い直させるなど，明示的な訂正は行いません。

　言葉の習得の過程に誤りは必ず生じるものであり，教えられたことをすぐに完璧にできることはありません。児童が話すことを嫌いになってしまわないよう，児童の発話を先生が繰り返すなど，自然なやり取りのなかで正しい英文を暗示的に示し，児童の気付きを促します。

◼ 3 目的のある言語活動をするための留意点

　Small Talkのような「身近な話題について，自分自身のことを伝えたり，相手について新しいことを知ったりすることそのものを楽しむ」といった言語活動とは別に，本節で紹介したような，目的のある言語活動を行う際には，以下の2点に留意しています。

> （1）　定着させたい英語表現を用いてやり取りする必然性があるかどうか
> （2）　まず，児童が「楽しい」「やってみたい」と思う活動かどうか

（1）定着させたい英語表現を用いてやり取りする必然性があるかどうか

　目的のある言語活動を行う際，児童は意味・内容のやり取りに，より意識が向いているので，やり取りをするのに本当に必要な英語表現だけを用いようとします。筆者は，このことを十分理解しておらず，「この英語表現を使わせたい・使うだろう」と思って設定した言語活動において，実際には当該英語表現を用いなくても意味・内容のやり取りが成立し，想定していた英語表現の使用が十分行えなかった，という苦い実践が少なくありません。

　たとえば，『Hi, friends! 1』Lesson 4　What do you like?において，オリジナルのTシャツをつくるためにやり取りするという言語活動を設定したことがあります。ペアで，一方の児童がTシャツの模様となるいろいろなシールを持ち，もう一方の児童に好みをたずねます。たずねられた児童は，自分の好みを順に答えます。シールを持っている児童は，相手の好みに合うように，形や色，数を決めてシールをあげる，という活動の流れを考えました。

"What color do you like?"

"I like blue."

"What shape do you like?"

"I like star."

"How many blue star（s）?"

"Three, please."

といったやり取りを想定していましたが，実際には，児童は，

"Three blue star（s）, please!"

"OK!"

というやり取りで，目的を達成していました。

　児童が，当該英語表現を用いて意味・内容についてやり取りを行えるようにするためには，「その英語表現を用いないとやり取りが成立しない目的・場面・状況」をよく考えることが必要です。

(2) まず，児童が「楽しい」「やってみたい」と思う活動かどうか

　「英語でやり取りをした結果，クラスでいちばん人気のキャラクターが分かる」「英語でやり取りすることで，夢の時間割を決める」など，やり取りすることで課題が解決するような言語活動を考える際，先生の意識が英語表現に向きすぎてはなりません。児童の思いとかけ離れたやり取りや，児童の実態に対して無理のあるやり取りを想定してしまい，結果として児童が意欲的に取り組めなくなります。

　「この活動は楽しいか」「児童が『やってみたい！』と思うか」という視点で言語活動を考えます。

　とはいえ，「たくさんのサインをもらうためにやり取りする」など，ゲームの目的が数や得点を競うものの場合，児童の意識は，「相手とやり取りする」ことよりも，「より多くのポイントを得る」ことに向いてしまいます。その結果，ややもすると英語でのやり取りがおざなりになってしまうことがあります。

　楽しい活動を考える際，児童が英語を使わずに済ませてしまうことにならないよう留意する必要があります。

　1つの質問で1つの答えを得るといった，機械的な対話ではなく，自分自身のことを相手が分かってくれるとうれしい，相手のことを聞いて理解できるとうれしい，と児童が思うようなやり取りを想定し，その対話を実現するような言語活動を考える，という手順で計画するとよいでしょう。

第4節　課外の活動＜パスポートプロジェクト＞

「週に一度しかない授業の時間だけでなく，課外でも児童が少しでも英語を話す機会をもてるようにしたい」「自分から進んで英語で話しかけ，コミュニケーションを楽しむ気持ちをもってほしい」と考えています。そこで，授業時間外の言語活動として，「パスポートプロジェクト」を実施しています。

児童全員にパスポートを模したポイントカードを配付し，休み時間に担任やそのほかの学年の先生，ALT，公開授業の参観者などと英語で話したら相手のサインがもらえて，ポイントカードがサインでいっぱいになるとステッカーが1枚もらえるという仕組みです。

対話の様子

「パスポートにサインをもらう」という外発的動機付けでALTや来校者に話しかけていた児童が，対話を繰り返すなかで「先生，いっぱい質問されたけど，なんとか答えられたよ！」「先生，あの先生（参観者）もドラゴンボール好きなんだって！」などと，伝わる喜び，相手について知る喜びを感じ，内発的動機から相手に話しかけるようになる姿も多く見られるようになりました。

パスポート

☺Let's Enjoy English☺　英会話パスポート　～たくさん英語を話してスタンプを集めよう！～
【Ｒｕｌｅｓ】
☆「くりかえし」「ひとこと感想」「Ｎｏ　Ｊａｐａｎｅｓｅ」「Ｓｍｉｌｅ☺」で話そう
☆スタンプは1日に1回まで。
★ＡＬＴのＬａｎｃｅ先生と英語で話すことができた　…　3points
★Ｙａｅｋｏ先生と英語で話すことができた　…　2points
★担任の先生と英語で話すことができた　…　1point

第2章 「読むこと」「書くこと」の指導

　第1部理論編でも述べられていたように，小外国語CSでは，新たに「読むこと」「書くこと」についても目標が設定されています。本校では，高学年から「読むこと」「書くこと」についての言語活動を設定しています。以下，第5・6学年での実践について述べます。

第1節　「読むこと」の指導のあり方

　小外国語CSでは，高学年の「読むこと」の目標が，以下のように示されています。

> ア　活字体で書かれた文字を識別し，その読み方を発音することができるようにする。
> イ　音声で十分に慣れ親しんだ簡単な語句や基本的な表現の意味が分かるようにする。
>
> （2017＜平成29＞年告示「小学校学習指導要領『外国語』」）

　アの目標を達成するための手だてについては，「文字の導入・文字との『出会い』」で，イについては，「カードゲームの開発」，事例「サイレントWho am I? クイズ」で説明します。

1 前年度の反省から…楽しみながら「読むこと」の体験の不足

　2015年度第5学年で，自分の宝物について，実物やイラストを見せながら相手をかえて即興的に対話することを繰り返し，そのあと3文程度の英文で紹介カードを書いて掲示するという手順で，「話したことについて書く」学習活動を行いました。

　児童は，自分自身の本当のこと（気持ちや考え，事実など）を英語で書いて作品にすることに喜びを感じていました。

　しかし一方で，自分自身のことについて書いた（書き写した）英文であるにもかかわらず，時間がたつと何を書いたのか分からなくなってしまった児童も少しいました。

　これは「意味を理解して読むこと」についての言語活動を十分行わなかったことが要因であると考え，2016年度は「遊びながら読む」言語活動の開発に取り組みました。

まず，前述のように「言語活動と英語表現の柔軟な取扱い計画表【試案2】」(【巻末資料7】138ページに掲載)を作成しました。試案1(【巻末資料6】136・137ページに掲載)で，Small Talkを中心とした「話すこと [やり取り]」の計画を立てたのに対し，試案2では，「読むこと」「書くこと」についての計画も盛り込んでいます。

この計画表(試案2)を作成した意図は，以下の3点を明確にすることです。
① 「話すこと [やり取り]」について，児童は，いつごろ，どのような発話ができるようになればよいのか
② 「読むこと」「書くこと」について，「話すこと [やり取り]」の言語活動と関わらせると，どの時期に，どのような言語活動を行うことができるか
③ 「話すこと [やり取り]」を「書くこと」につなげるために，どのような指導過程が必要か(実行できるか)

試案2には，文字を「読むこと」及び「書くこと」についての指導計画を位置付け，アルファベットの認識，単語(発音とつづり)の認識，語順の違いを主とした文構造への気付きなど，言葉の仕組みの理解を促す指導を系統的に行いました。

「自分自身の本当のことについて，考えながら話すこと」を「話したことを書くこと」につなげるための段階的な指導として，図1のような流れを考えました。第5学年の話題「ふるさと・学校」について，町のよさを紹介するポスターを書く単元です。

図1　考えながら話し，話したことを書く，学習の流れ(例)　第5学年　課題「ふるさと・学校」

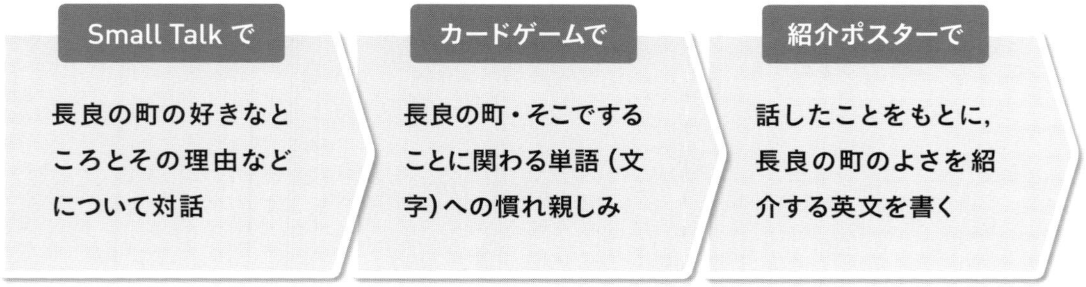

Small Talkで	カードゲームで	紹介ポスターで
長良の町の好きなところとその理由などについて対話	長良の町・そこですることに関わる単語(文字)への慣れ親しみ	話したことをもとに，長良の町のよさを紹介する英文を書く

まず、Small Talkで、長良の町の好きなところとその理由について相手をかえて繰り返し対話します。

　そのあと、音声で十分慣れ親しんだ英語表現を用いて、カードゲームなどで楽しみながら読む活動に取り組みます。

　カードゲームで「読むこと」に慣れ親しんだ英語表現を用いて、話したことを思い出しながら、長良の町の紹介ポスターを書きます。手本となる英文を書き写したり、例文や単語一覧などを参考に、自分自身のこととなるよう単語を置き換えたりして、3文程度の英文を書きます。

　「聞くこと」「話すこと」「読むこと」「書くこと」という、言語習得の順序性を踏まえ、話した内容について「読むこと」に十分慣れ親しんだのちに「書くこと」へつなげます。

2 文字の導入・文字との「出会い」

　このような「読むこと」「書くこと」の言語活動を行うために、まず、第5学年の5月にアルファベットの大文字と小文字を導入しました。

　『Hi, friends! 1』の「アルファベットをさがそう」の単元では、

- アルファベットを見て、先生が言う文字を指すポインティングゲーム
- 絵の中に隠れた文字を見つける活動
- 衣類や菓子のパッケージなど、児童の身近なもののなかからアルファベットをさがす活動
- アルファベットの形を見比べて、共通点を見つける活動（たとえば、M,N,Hなどを見て、直線のみで書かれていることに気付く、など）
- デジタル教材『Hi, friends! plus』のさまざまなゲーム
- 『Hi, friends!』付属のカードを用いたアルファベットかるたゲーム

など、文字に親しむ活動を行いました。

シリアルの箱のアルファベットをさがす児童

　これらの活動は、児童が負担を感じることなく楽しみながら文字に出会うことを意図したものです。

　特に、衣類や菓子のパッケージなど、身近な「本当のもの」のなかからアルファベットをさがす活動に、児童は非常に高い関心をもって取り組みました。

　活動後の振り返りには、

- 服や文房具にも英語がたくさん書かれていてびっくりした
- 日本のお菓子の袋にも、英語がたくさん書かれていることに改めて気がついた
- Qだけは最後まで見つけられなかったから、Qはあまり使われていないのかなと思った

など，多くの児童が文字への気付きに満ちた感想を書いていました。

　このようなゲーム活動を少しずつ繰り返し行い，遊びを通して文字を読むことに慣れ親しめるようにしました。そして，「アルファベットっておもしろい」「次は書けるようになりたい」という，児童の関心・意欲につなげられるように配慮しました。

3 カードゲームの開発

　アルファベットの大文字と小文字を導入したのち，文字のみによる単語カードを用いたさまざまなカードゲームを行いました。

　具体的には，

　①ミッシングゲーム（提示された5〜10語程度の英単語カードのうち，出題者が隠したカードを当てる）

　②マッチングゲーム（トランプゲーム「神経衰弱」の要領でカードをめくり，出たカードを声に出して読み，英単語と日本語の意味が合えばカードを取る）

　③ワードオーダーゲーム（トランプゲーム「七並べ」の要領で，手持ちのカードを順に出してカードを並べ，主語，動詞，目的語といった正しい語順で文をつくる）

の3つです。

　①と②は，音声とつづり，意味への認識を高めるための言語活動，③は，語順の違いなど，文構造への意識を高めるための言語活動として位置付けたものです。

　なお，Small Talkなどを通して音声で十分慣れ親しんだ語を扱う，段階を踏んで語数を増やす，イラストありのカードから文字のみのカードへと徐々に難易度を上げるなど，児童が過重な負担を感じないように配慮しました。

　こうした「楽しみながら読む」体験を多く取り入れた，読むことに特化した単元を設定しています。

4 事例「サイレント Who am I? クイズ」

2016年度第6学年で「サイレント Who am I? クイズ」を行いました。

「世界・日本で活躍する日本人」の単元では，終末に英文のヒントを読んで相手が誰になりきっているかを当てる「サイレント Who am I? クイズ」を行います。スリーヒントクイズと同じ要領で，出題者が，自分が誰になりきっているかのヒントを1文ずつ英文で提示します。

その際，出題者はカードを提示するだけでヒントを読み上げることはせず，解答者が提示されたヒントを声に出して読みます。

1文ずつヒントを読んで，相手が誰かわかったら，"Are you Nishikori Kei ?" などと言って確かめます。「相手が誰になりきっているかを当てる」という目的でクイズを楽しむなかで，児童が「考えながら読む」ことを意図したものです。

「サイレント Who am I? クイズ」を行う前に，この活動で児童に使用させたい英語表現について，先述のカードゲームを行います。

児童が過度な負担を感じないために，
- カードゲームに用いる英語表現については，Small Talk などを通して音声で十分慣れ親しませておく
- はじめは6語で，慣れてきたら8〜10語に増やしてミッシングゲームを行うなど，段階を踏んで語数を増やす
- イラストありのカードから文字のみのカードへと徐々に難易度を上げる
- 短時間学習の時間などを利用して，繰り返しゲームを楽しめるようにする（「読むこと」に慣れ親しむ時間を保障する）

などの配慮をしました。（【巻末資料8】「日本・世界で活躍する日本人」単元指導計画，【巻末資料9】本時の展開，【巻末資料10】学習プリント）

図2 「サイレント Who am I? クイズ」

1枚ずつ順に提示する。

I am a man.

I live in America.

I can play tennis well.

Who am I?

図3 「サイレント Who am I? クイズ」の流れ

ゲームをしている子どもの様子	ゲーム名	ゲームの方法・目的
①	Small Talk, 各種ゲームなど	ポインティングゲーム（教師が言った英語に合うイラストを指し示すゲーム）, 伝言ゲーム（机の列でチームになり, A:I can play tennis. B:You can play tennis. I can play baseball. …など, 繰り返しながら伝えていくゲーム）など音声によるゲーム活動, Small Talkなどを行い, 音声による十分な慣れ親しみを図る。
②	ミッシングゲーム	提示された5〜10語程度の単語カード（イラストあり）のうち, 出題者が隠したカードを当てる。 ＊意味と英語での発音, 文字のまとまりを意識するための言語活動
③	マッチングゲーム	トランプゲーム「神経衰弱」の要領で英単語カードと日本語カード（どちらもイラストなし）を1枚ずつめくり, 出たカードを声に出して読み, 英単語と日本語の意味が合えばカードを取る。 ＊意味と英語での発音, 文字のまとまりを意識するための言語活動

ミッシングゲーム用

マッチングゲーム用

ゲームをしている子どもの様子	ゲーム名	ゲームの方法・目的
④	ワードオーダーゲーム	トランプゲーム「七並べ」の要領で，手持ちのカード（イラストなし）を順に出してカードを並べ，主語，動詞，目的語といった正しい語順で文をつくる。 ＊文構造への意識を高める言語活動
⑤	「サイレント Who am I? クイズ」の準備	出題したい有名人について，ヒントを考え，フリップに英文を書き写す。 ＊語順などを意識して書く言語活動
⑥	「サイレント Who am I? クイズ」	類推しながら英文を順に読み，答えを当てる。 ＊3文程度のまとまった英文を読む言語活動

ワードオーダーゲーム用

第2節　「書くこと」の指導のあり方

小外国語CSでは，高学年の「書くこと」の目標が，以下のように示されています。

> ア　大文字，小文字を活字体で書くことができるようにする。また，語順を意識しながら音声で十分慣れ親しんだ簡単な語句や基本的な表現を書き写すことができるようにする。
>
> イ　自分のことや身近で簡単な事柄について，例文を参考に，音声で十分に慣れ親しんだ簡単な語句や基本的な表現を用いて書くことができるようにする。
>
> （前掲書）

アの目標を達成するために，毎時間の授業の終末に，本時に慣れ親しんだ簡単な語句や基本的な表現を書き写す活動を行っています。

イの目標については，単元の終末に「目的のある『書くこと』の言語活動」を位置付けて指導しています。

まず，書くことに親しませるため，文字カードを並べ替えて簡単な単語を作るゲーム活動を行いました。

1 カードライティングゲーム

アルファベットかるたなどで文字の形と音声に十分慣れ親しんだのちに，カードを並べ替えて意味のある英単語を作る活動を行いました。児童は，机の上に26文字のアルファベットカードを並べ，先生が発音したアルファベットを取り，その後，集めたカードを並べ替え，意味の通る単語を作るというものです。b, t, o, i, n, a からnobita，など，児童が好むキャラクターの名前を使ったローマ字の並べ替えから始め，慣れてきたら，o, g, d からdogなど，3字程度からなる身近な英単語へと段階を踏むなど，児童が負担を感じないように配慮しました。

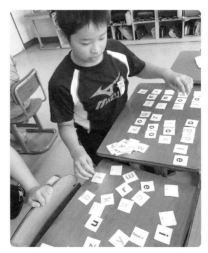

先生が発音したアルファベットカードを取り，並べ替え，単語を作る。「apple」「fox」「zoo」「box」など慣れ親しんでいる英単語を作っている。

「書くこと」の指導を行う際に留意していることは，
- 「書くこと」に用いる英語表現は，Small Talkなどを通じて，音声で十分慣れ親しんだものとする
- 「聞く」「話す」「読む」「書く」の言語習得の順序を踏まえた学習過程を計画する（単元全体でも，1単位時間内でも）
- 「何のために書くのか」という，書く目的を明確にする
- 毎時間，授業の終末に，聞いたり話したり読んだりして慣れ親しんだ英語表現を，1文程度書く時間を設ける
- 毎時間1文ずつ書いた英文を，単元の終末に書き写すなどして，3文程度のまとまった英作文を書くことにつなげる
- 4線上に書く（書き写す）ようにする
- 語と語の間隔に気をつけて書くようにする

ということです。

　たとえば，前述の「サイレントWho am I?クイズ」では，クイズの準備として，ヒントとなる英文を書きます。ここで書く英文は，音声で十分慣れ親しみ，カードゲームで遊びながら「意味を理解して読むこと」ができるようになった英語表現です。

　また，ここで書く英文は，次の時間のクイズ大会で使うものなので，「クイズのヒントカードを作るために書く」という，書く必然性が生まれます。

　前節「目的のある『話すこと』の言語活動」（95ページ）で紹介した，「夢の時間割をつくろう」の単元では，自分の夢の時間割表を作るために，単語一覧を見て，教科名を書き写しました。

　このように，児童が目的意識をもって取り組める場面で，十分慣れ親しんだ英語表現を用いて「書くこと」ができるよう，活動を工夫しています。

2 話したことを書く

　2017年度は，単元や単位時間の学習過程を，「聞く」，「話す [やり取り]」，「読む」，「書く」という言語習得のプロセスに即したものにしました。

　音声で十分に慣れ親しんだ簡単な語句や基本的な表現を「読む」「書く」という言語活動を，ほぼ毎時間継続的に行いました。具体的には，
- 本時の新出英語表現を含む対話やまとまった英文を聞く活動
- 当該英語表現を言い慣れるためのゲーム的な活動
- 言い慣れた英語表現を用いて意味のあるやり取りをする対話的な活動

などを行ったあとに，
- 当該英語表現を用いて書かれた3文程度の英文を類推して読み，何について書かれているか当てる活動
- 読んだ英文を参考に自分のことについて書く活動

へとつなげました。

この学習過程については2017年6月に公開された『小学校外国語活動・外国語研修ガイドブック』（文部科学省）の「授業研究編Ⅱ 外国語」を参考にしています。

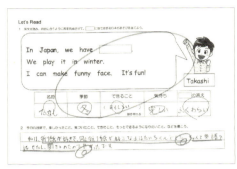

読んでわかったことを表にメモする学習プリント

3文程度の英文を類推して読み，何について書かれているか当てる。

文科省の新教材『We Can! 2』には，「夏休みの思い出日記を書く」「夢宣言の発表原稿を書く」など，多くの単元の終末に英作文を書く活動が位置付けられています。こうした英作文を書く場合，
- まず，英作文を書くときに必要となる英語表現に音声で十分慣れ親しむ
- その後，手本となる英文を声に出して読む
- 読んだ英文を参考に，自分自身のことについて1文程度の英文を書く

という，単位時間の学習活動を繰り返します。

たとえば，Unit 5 My Summer Vacation の単元では，導入で，「単元の終末に，夏休みの思い出日記を書く」と伝えます。その後，上記のような学習活動を繰り返して，
- I went to 〜.
- It was 〜.
- I ate 〜.
- I enjoyed 〜.

などの英語表現を読んだり書いたりすることに慣れ親しませます。

単元の終末には，毎時間書いてきた英文を用いて，

My Summer Vacation

I went to the sea.

I enjoyed BBQ.

I ate beef.

It was delicious.

のような，まとまった英文を書きます。

子どもの作品例「My Summer Vacation」

3 言語習得の順序に沿った指導計画

　話したことを書くことにつなげるためには，聞く・話す・読む・書くの言語習得の順序に沿った指導を計画することが大切です。楽しみながら「読む」「書く」，目的をもって「読む」「書く」ために，児童の身近なこと，児童自身の本当のことについて取り扱います。児童自身の本当のことについて，音声で十分慣れ親しんだ英語表現を用いて書く，という場面や状況を設定することが望ましいです。

　簡単な語句や基本的な表現を用いて自分自身のことについて，手本を見ながら書くわけですが，児童の実態に応じて，「なぞって書く」という指導を段階的に行ってもよいでしょう。

第3章 評価について

1 「話すこと [やり取り]」をどのように評価するか

　これまでにも述べてきたとおり、「自分自身のことについて、事前の準備や練習をすることなく、その場で考えて聞いたり話したりする」という力は、習ったからといってすぐに身に付くものではありません。

　身近な話題について、自分の考えや気持ちを伝え合う言語活動に繰り返し取り組むなかで、何度も誤り、誤りに気付き、修正してまた使用するというプロセスを経て、自然なやり取りができるようになるのです。

　その場で考えて話したり聞いたりできるようになるまでには、一定の時間を必要とします。ですから、教師は、「ある程度長期的なスパンで児童の資質・能力を確かめる」という構えをもつ必要があります。

　そこで、本校高学年では、「話すこと [やり取り]」の能力については毎時間評価することはせず、学期ごとに定着状況を見届けています。

　具体的には、パフォーマンス評価を行います。

　教師が児童一人ひとりと対話する、あるいは児童同士が1対1で対話するのを教師が観察するスピーキングテストを学期末に実施しています。学期に1回、1単位時間を確保し、授業時間内に行います。

　スピーキングテストは別室で行います。教室内で待機している児童は、英作文を清書したり、英語学習のアンケートに回答したりする時間とします。

　児童同士の対話を行う場合、後述する評価項目について、教師がその場で評価します。教師と児童による対話を評価する場合、ALTと児童の対話を観察するとよいでしょう。

　なお、学級担任がそれぞれの学級で評価する場合、学級によって評価基準がぶれないよう、録画をするなどして、基準の共通理解を図るとよいでしょう。

　また、「テスト」となると、緊張して普段どおり話せなくなる児童もいます。児童が必要以上に構えてしまうことのないよう、テストを行う意義について、事前に説明しておくとよいでしょう。

　具体的な評価項目は、「態度」「正確さ」「対話の継続」「内容」の4観点とし、それぞれの定着状況を見届けています。

図4　スピーキングテスト評価シート

英語科　5年生2学期　Speaking Test
Topic: What do you like about Higashi Sho?　〜私たちの学校・長良の町〜

Categories [項目]	Pts [ポイント]	Criteria [評価基準]
態度 ・顔を見て ・日本語を使わないで ・声の大きさ ・積極性	3	アイコンタクトをしっかりともち、相手に聞こえる十分な声量で、日本語を使わず積極的に話そうとする態度がある。
	2	アイコンタクトもまあまああり、声も聞こえるが、会話に臨む態度はやや消極的である。
	1	アイコンタクトがあまりなく、声も小さい。積極性が見られない。日本語を使ってしまう。
正確さ ・文法 ・語彙 ・発音	4	適切な発音で、文構造への意識もあり、英語をとても正しく使っている。
	3	文構造への意識もあり、英語をおおむね正しく使っている。
	2	文構造への意識はあるが、重大なまちがいが多い。言いたいことは分かるが、文構造への意識がなく、思いついた単語を羅列している。
	1	重大なまちがいが多く、何を伝えたいのか分からない。
対話の継続 ・opener ・shadowing ・rejoinders ・closer	7	対話は初めから終わりまでスムーズに続き、opener (Hi! How are you? などのはじめのあいさつ)、repeating (繰り返し)、rejoinders (あいづち)、closer (Nice talking with you. などの終わりのあいさつ)、clarification (Excuse me? One more time, please. など、不明な点を確かめる問いかけ) など、すべての対話方略をいつも適切に使っている。
	5	対話はおおむねスムーズに続くが、opener, shadowing, rejoinders, closer などの対話方略がいつも使えているわけではない。
	1	対話に沈黙が時々ある。または、最後まで対話を続けることができず、対話方略もあまり使えていない。
	0	自分ばかりがしゃべって相手とのコミュニケーションが取れていない。または、相手の話を黙って聞くばかりで、相手とのコミュニケーションが取れていない。
内容	6	長良東小学校、長良の町について、好きなもの・こと、楽しいこと、よいところなどをくわしく、具体的に説明できる。(3往復程度の対話プラス、Tell me more, please. 以降の説明が2文以上続く)
	3	長良東小学校、長良の町について、好きなもの・こと、楽しいこと、よいところなどをおおむね説明できる。(3往復程度の対話)
	1	長良東小学校、長良の町について、好きなもの・こと、楽しいこと、よいところなどの説明が不十分である。

＊follow up questions（相手の発話内容に応じた質問）ができたら加点する。（　　　　　　　）

5年（　）組（　）番　名前（　　　　　　　　　　）

points

4つの評価項目について，児童の様子を観察して評価します。

図4は，第5学年2学期のスピーキングテスト評価シートです。

「態度」

3点…アイコンタクトをしっかりともち，相手に聞こえる十分な声量で，日本語を使わず積極的に話そうとする態度がある。

2点…アイコンタクトもまあまああり，声も聞こえるが，会話に臨む態度はやや消極的である。

1点…アイコンタクトがあまりなく，声も小さい。積極性が見られない。日本語を使ってしまう。

態度については，いたずらに「元気いっぱい」である必要はありません。相手意識をもち，自然なやり取りを継続しようとすることができているかどうかを見届けます。

「正確さ」

4点…適切な発音で，文構造への意識もあり，英語をとても正しく使っている。

3点…文構造への意識もあり，英語をおおむね正しく使っている。

2点…文構造への意識はあるが，重大なまちがいが多い。言いたいことは分かるが，文構造への意識がなく，思いついた単語を羅列している。

1点…重大なまちがいが多く，何を伝えたいのか分からない。

「正確さ」については，それぞれの段階により，どこまでの技能を求めるかは異なります。ここでは，「私たちの学校・長良の町」という話題について，以下のような対話をすることを想定しています。

S_1: What do you like about Nagara?

S_2: I like Nagara Park.

S_1: You like Nagara Park. That's nice. Why?

S_2: (Because) I can play basketball.

S_1: You play basketball? With who?

S_2: With my friends. …

「対話の継続」

7点…対話ははじめから終わりまでスムーズに続き，はじめのあいさつ，繰り返し，あいづち（ひ

と言感想），終わりのあいさつ，不明な点を確かめる問いかけなど，すべての
対話方略をいつも適切に使っている。

5点…対話はおおむねスムーズに続くが，対話方略がいつも使えているわけではない。

1点…対話に沈黙が時々ある。または，最後まで対話を続けることができず，対話方略もあ
まり使えていない。

0点…自分ばかりがしゃべって相手とのコミュニケーションが取れていない。または，相手の
話を黙って聞くばかりで，相手とのコミュニケーションが取れていない。

「対話の継続」については，主に対話方略が定着しているかどうかを見届けます。相手が，"I like Nagara Park."と言ったときに，"You like Nagara Park."と，相手の言ったことを繰り返したり，"That's nice."と，ひと言感想を言ったりするなど，これまでSmall Talkで指導してきたことができるかどうかを見届けます。

なお，6年生のスピーキングテストでは，上記のことに加えて，相手が話した内容に関わる質問ができるかどうかについても評価しています。

「内容」

6点…長良東小学校，長良の町について，好きなもの・こと，楽しいこと，よいところなどをくわ
しく具体的に説明できる。

3点…長良東小学校，長良の町について，好きなもの・こと，楽しいこと，よいところなどを
おおむね説明できる。

1点…長良東小学校，長良の町について，好きなもの・こと，楽しいこと，よいところなどの説明
が不十分である。

「内容」については，聞かれたことについて，どのようなことを答えているかを見届けます。たとえば，"What do you like about Nagara town?"と聞かれて，"I like Nagara Park."と，好きな場所を答えるだけでなく，"It's a nice park. You can see many flowers."などと，その場所に関わることをよりくわしく話していれば，「くわしく具体的に説明している」と評価します。

スムーズに話せない児童については，授業中のSmall Talkで教師と児童がやり取りするときと同じように，教師が"I like the Nagara River. How about you?"などと例示したり，"Do you play basketball?"などと，児童が答えやすい質問を投げかけたりして支援します。支援を要したことは，

別途メモなどを取って記録しておきます。

　毎時間のSmall Talkでは，誤りのある不完全な発話であってもよいこととします。意欲的に対話をしようとしているかどうか，つまり「関心・意欲・態度」について評価をします。

　また，単元の学習到達目標（目標とする対話例）にどれだけ近い対話をしているか，についても見届けています。

　Small Talkは授業のはじめに3回程度行うもので，短い時間しかありません。

　日頃の学習状況の見届けから，発話に自信がない児童や苦手意識を感じている児童を把握し，当該児童を中心に机間指導を行っています。

　机間指導では，以下のような指導・支援を行います。

・児童が言えない英語をそばについて発音する。
・言いたいことがすぐに浮かばない場合，"I like 〜. How about you?" などと例示する。
・相手の児童に教師がたずね，その児童の答えを聞かせることで，どのようなことを答えればよいか気付けるようにする。
・児童が単語だけで答えたり，誤った言い方で答えたりしている場合は，"Oh, you like 〜." などと，正しい語順で繰り返し，自然な形で対話を継続しながら，児童が自分で誤りに気付けるよう促す。

　こうした指導・支援を続けた結果，児童の「話すこと [やり取り]」に関わる運用能力は劇的に向上しています。

　以下は，児童の5月，9月，10月の変容です。

《5月のA児，B児の対話》

```
A: Hi.
B: Hi.
A: How are you?
B: I'm great.  How are you?
A: I'm good.  What color do you like?    ← 話題を切り出す言葉が使えない
B: (I like) blue, green, and red.    ← 単語で答えている
A: (You like) blue, green, and red.  That's nice.    ← 相手の発話を単語で繰り返すことができる
B: How about you? What color do you like? ...    ← 理由についてはまだたずねたり答えたりできない
A: Nice talking to you.
B: You too.
```

この段階では, A児は, 話題を切り出す言葉 "Let's talk about 〜." を言うことなく, いきなり質問をしています。また, B児は, 自分の好きなものを単語で答えています。また, A児は, 相手の発話を単語で繰り返すことができていますが, 理由についてはたずねていません。

《9月のA児, B児の対話》

> A: Hi.
> B: Hi.
> A: How are you?
> B: I'm great. How are you?
> A: I'm good. Let's talk about summer vacation. ← 話題を切り出す言葉が使える
> B: OK.
> A: Did you enjoy (the) summer vacation?
> B: Yes, (I did).
> A: What did you do?
> B: (I enjoyed) swimming. ← 単語で答えている
> A: (You enjoyed) swimming. Me too.
>   Why (do you like) swimming? ← Why＋目的語の誤った語順であるが理由をたずねられる
> B: (Because it's) fun. ← 単語であるが理由を答えることができる
> A: Fun. That's good.
> B: How about you? Did you enjoy (the) summer vacation? …
> A: Nice talking to you.
> B: You too.

ここでは, A児は "Let's talk about 〜." と, 自分が話したい話題を切り出せるようになっています。また, 誤った語順ではありますが, "Why?" を使って理由をたずねることができています。これに対しB児は, 単語ではありますが, 理由を答えることができています。

《10月のA児, B児の対話》

> A: Hi.
> B: Hi.

```
A: How are you?
B: I'm great.  How are you?
A: I'm good.  Let's talk about Higashi sho.
B: OK.
A: What do you like about Higashi sho?  ← What 〜 do you like? と, What do you like about 〜? の異なる疑問文を使い分けることができる
B: I like (the) library.  ← 文で答えることができる
A: You like (the) library.  That's nice.  ← 相手の発話を文で繰り返すことができる
   Why do you like it?  ← Why疑問文を正しく用いて理由をたずねることができる
B: (Because) I like books.
A: You like books. What book (s) do you like?  ← 相手の発話内容に関連した質問ができる
B: I like mystery book (s). ...
```

　ここでは、A児は、"What do you like about 〜?"という表現を使って尋ねることができています。B児は、"I like 〜."と、文で答えることができるようになっています。

　また、A児は、"You like 〜."と、相手の言ったことを文で繰り返すことができるようになっています。"Why do you like it?"と、正しい文で理由をたずねることができています。さらに、"What book (s) do you like?"と、相手の話した内容に関わる質問をしています。

　この質問は冒頭の"What do you like about 〜?"と異なる語順の疑問文です。一度の対話のなかで、2つの異なるWhat疑問文を使い分けてたずねることができています。

　こうした児童の変容は、1時間の授業だけで生み出せるものではありません。年間を通じて、Small Talkを行うこと、またそのなかで、先述のような指導・支援を続けることが、このような成長につながっていきます。

　なお、「話すこと [やり取り]」の評価については改訂をしました。主な改訂内容は以下の2点です。

(1) 児童用評価シートの作成

　これまで、テスト後に児童のよさや成長、今後の課題点とアドバイスを伝え、後日、前掲（図4、118ページに掲載）の評価シートを渡していましたが、限られた時間の中で、十分伝えきれないこともありました。そこで、児童向け評価シート【巻末資料11】142〜145ページに掲載）を作成して、渡すことにしました。各項目の評価をよりわかりやすい言葉で記し、児童が、自分の成長や課題をくわしく知ることができるようにしました。

(2) 点数表記から，ABCの段階評価へ

これまでは，20点満点の点数表記でテスト結果（前掲の評価表）を渡していましたが，他教科の単元テストに比べて「高得点が取れた」と児童が実感しにくく，今後の課題を把握しづらい，という反省点がありました。そこで，それぞれの評価をABCの3段階で示すことで，児童が重点的に意識するとよいことがひと目で分かるようにしました。

新しい評価シートを作成するにあたり，岐阜県小中学校英語教育研究部会小学校レッツチャレンジ部会のメンバーに多くのご助言をいただきました。本研究会ウェブサイトでは，小学校英語教育についてワークシートや指導計画などを多数見ることができます。（http://shochueiken.com）

2 「読むこと」「書くこと」をどのように評価するか

第1部理論編にも書かれていたとおり，評価については，児童が意欲と見通しをもつことにつながるものにすることが大切です。

これは，「話すこと［やり取り］」はもちろん，「読むこと」「書くこと」についても当てはまります。

「読むこと」については，「読むこと」を中心とした言語活動を行った際，授業の終末にチェックタイムを設定し，学習問題を実施しています。

学習問題といっても，児童が必要以上に構えてしまうことのないよう配慮しています。具体的には，英単語に合うイラストを線で結ぶ，2つの英文を見比べて，正しい語順の英文に丸を付ける（たとえば【巻末資料10】学習プリント②Check Time）など，児童がゲームに取り組むようなつもりで行うことができる問題にしています。

「書くこと」については，単元の終末に3文程度のまとまった英文を書く言語活動を設定した際，記述したものを見届けています。たとえば，先述の「サイレントWho am I？クイズ」を行った単元では，ヒントとして児童が書き写した3つの英文について，以下の3点について見届けました。

> ① 正しいアルファベットを書き写すことができているか。
> ② 語と語の間を空けて適切に英文を書き写すことができているか。
> ③ 4線上の正しい位置に書き写すことができているか。

児童の定着状況を見届けることで現時点での実態を把握し，次単元での指導に生かすことを主な目的としています。

自分自身のことについて作品（英作文）を書くことができた，という満足感・達成感を得るととも

に,「もっといろいろな単語を書いてみたい」という思いをもつことができる児童が多く,学習意欲の高揚につながっています。

ほかにも,第6学年 Unit 5 My Summer Vacation における「夏休みの思い出日記」など,1つの話題について,3文程度の英文を書く言語活動を設定した際,同様の観点で児童の英文を見届けています。

なお,「読むこと」「書くこと」については,「話すこと」「聞くこと」と同等のレベルまでの資質・能力を求めるものではありません。

「小学校学習指導要領解説 外国語編」には,以下の記述があります。

> ただし,「読むこと」,「書くこと」については,中学年の外国語活動では指導しておらず,慣れ親しませることから指導する必要があり,「聞くこと」,「話すこと」と同等の指導を求めるものではないことに留意する必要がある。
>
> (2017年「小学校学習指導要領解説 外国語編」)

このことから,「読むこと」「書くこと」については,高学年段階では慣れ親しませるにとどめます。よって,書くことについて,長いスパンでのテスト(たとえば学期末テストのようなもの)は行っていません。

高学年で「読むこと」「書くこと」の指導が始まりますが,4技能(5領域)のうち,小学校の英語学習で比重を置くべきは「聞くこと」「話すこと」であることに変わりはありません。

評価についても,「読むこと」「書くこと」について,児童に求めすぎることのないよう留意する必要があります。

3 「話すこと[発表]」をどのように評価するか

「話すこと[発表]」についての言語活動を設定した単元では,単元終末にスピーチの場を設定しています。

文科省新教材第6学年『We Can! 2』の Unit 8 What do you want to be? の単元では,単元の終末に夢宣言スピーチを行います。

児童は,これまで Small Talk で話してきたことをもとに,将来就きたい職業や,その職業に就いてしたいことについて,スピーチ原稿を書き,グループやクラスで夢宣言を行います。その際,児童一人ひとりの発表をもとに評価します。評価項目は以下のとおりです。

「内容」
・自分が就きたい職業を述べている。
・自分が将来したいことを述べている。
・聞き手の質問にその場で考えて答えている。

「伝え方」
・聞き手に伝わる十分な声量で話している。
・聞き手全体を見て話している。
・聞きやすい速さで話している。
・適切な間をとって話している。

「正確さ」
・適切な発音で話している。
・正しい文で話している。

　なお，小学校段階では，語彙に限りがあるため，3文程度の内容にとどめています。「話すこと［発表］」よりは，「話すこと［やり取り］」に比重を置いて指導しています。

4 「聞くこと」をどのように評価するか

　「聞くこと」を中心とした言語活動を行った際，授業の終末にチェックタイムを設定し，学習問題を実施しています。

　具体的には，教師の発話に合うイラストを選んで丸を付けるなど，児童にとって過度な負担がないものにしています。

　また，英文そのものを聞くことで判断できるもの，2文程度の英文を聞いて，徐々に対象を絞り込んで選ぶものなど，児童に身につけさせたい聞く力の種類によって，聞かせる英文を変えています。

「聞くこと」を評価する学習プリント

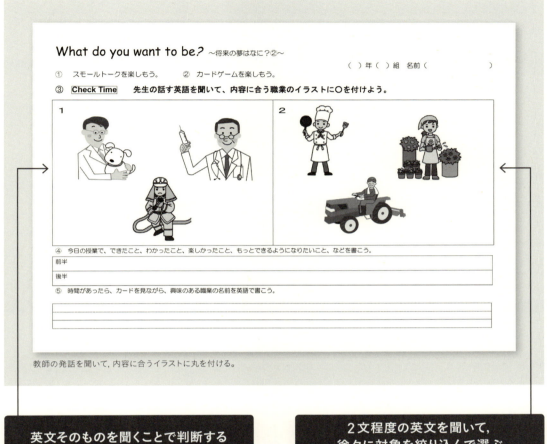

英文そのものを聞くことで判断する

I want to be a doctor.
I want to help sick people.

2文程度の英文を聞いて，徐々に対象を絞り込んで選ぶ

I like vegetables.
I want to cook delicious carrot soup.

【巻末資料1】

岐阜市立長良東小学校　「外国語（英語）科」における各学年の学習到達目標【表現の能力】

(2017年度)

外国語の目標（高等学校）

外国語を通じて，言語や文化に対する理解を深め，積極的にコミュニケーションを図ろうとする態度の育成を図るとともに，幅広い話題について，情報や考えなどを的確に理解したり適切に伝えたりするコミュニケーション能力を養う。

外国語の目標（中学校）

外国語を通じて，言語や文化に対する理解を深め，積極的にコミュニケーションを図ろうとする態度の育成を図り，聞くこと，話すこと，読むこと，書くことなどのコミュニケーション能力の基礎を養う。

第1学年の目標	第1学年の目標	第1学年の目標
やりとり(interaction)の要素が強い言語活動における目標	発表(production)の要素が強い言語活動における目標	書くことにおける目標
・自分自身や家庭，学校，自分を取り巻く社会等，身近な話題について（話題） ・自分の考えや気持ち，身の回りの出来事等を（内容） ・聞き手を意識して強調したり，繰り返したり，新しい情報を付け加えるなど，基礎的なconversation strategies（対話方略）を適切に用いて対話を継続・発展させながら（表現方法） ・中心となる話題に関して4往復程度の対話で（程度） 話すことができる。	・自分自身や家庭，学校，自分を取り巻く社会等，身近な話題について（話題） ・自分の考えや気持ち，身の回りの出来事等を（内容） ・適切な声量で，基本的な音声の特徴を捉えながら（表現方法） ・中心となる話題に関して5文程度の英文で（程度） 話すことができる。	・自分自身や家庭，学校，自分を取り巻く社会等，身近な話題について（話題） ・自分の考えや気持ち，身の回りの出来事等を（内容） ・文字や符号の識別，語と語の区切り等に注意するとともに，正しい語順や文同士の適切なつながりに留意しながら（表現方法） ・中心となる話題に関して5文程度の正しい英文で（程度） 書くことができる。

外国語の目標（小学校）

《高学年》
　外国語を通じて，言語や文化について体験的に理解を深め，積極的にコミュニケーションを図ろうとする態度の育成を図り，身近で簡単なことについて外国語の基本的な表現に慣れ親しみ，聞くことや話すこと等のコミュニケーション能力の基礎を養う。

《低学年・中学年》
　外国語を通じて，言語や文化について体験的に理解を深め，積極的にコミュニケーションを図ろうとする態度の育成を図り，外国語の音声等に慣れ親しませながら，コミュニケーションの素地を養う。

	やりとり(interaction)の要素が強い活動における目標	発表(production)の要素が強い言語活動における目標
6年生	自分自身や家庭，学校，ふるさと岐阜等，身近な話題について，理解した言葉を繰り返す，より知りたいことについて聞き返す，質問する等，conversation strategies（対話方略）を用いて対話を継続させながら，話し手の気持ちや考えを聞き取り，自分の考えや気持ち等を，中心となる話題に関して3往復程度の対話で話すことができる。	自分自身や家庭，学校，ふるさと岐阜等，身近な話題について，自分の考えや気持ち，身の回りの出来事等を，適切な声量で，基本的な音声の特徴を捉えながら，中心となる話題に対して4文程度の英文で話すことができる。
5年生	自分自身や家庭，学校，ふるさと岐阜等，身近な話題について，理解した言葉を繰り返す，より知りたいことについて聞き返す等，conversation strategies（対話方略）を用いて対話を継続させながら，話し手の気持ちや考えを聞き取り，自分の考えや気持ち等を，中心となる話題に関して2往復程度の対話で話すことができる。	自分自身や家庭，学校，ふるさと岐阜等，身近な話題について，自分の考えや気持ち，身の回りの出来事等を，適切な声量で，基本的な音声の特徴を捉えながら，中心となる話題に対して3文程度の英文で話すことができる。
4年生	自分自身や家庭，学校，ふるさと岐阜等，身近な話題について，基本的な表現に慣れ親しむとともに，相手の理解を確かめながら，初歩的なconversation staretegies（対話方略）を用いて，自分の気持ちや体験，身の回りの出来事等を2文程度の発話で話すことができる。	自分自身や家庭，学校，ふるさと岐阜等，身近な話題について，基本的な表現に慣れ親しむとともに，自分の気持ちや体験，身の回りの出来事等を，適切な声量，はやさ，明瞭な音声で話すことができる。
3年生	自分自身や家庭，学校，ふるさと岐阜等，身近な話題について，基本的な表現に慣れ親しむとともに，初歩的なconversation staretegies（対話方略）を用いて，自分の気持ちや体験，事実等を2文程度の発話で話すことができる。	自分自身や家庭，学校，ふるさと岐阜等，身近な話題について，基本的な表現に慣れ親しむとともに，自分の気持ちや事実等を，適切な声量，はやさ，明瞭な音声で話すことができる。
2年生	自分自身や家庭，学校等，身近な話題について，1文程度の英語を用いて話すことに慣れ親しむ。	
1年生	自分自身や家庭，学校，身近な話題について，1文程度の英語を用いて話すことに慣れ親しむ。	
	書くことの目標	
6年	自分自身や家庭，学校，ふるさと岐阜等，身近な話題について，音声で十分慣れ親しんだ文を，手本を見て2文程度書き写すことができる。 アルファベットの大文字・小文字を活字体で正しく書くことができる。	
5年	自分自身や家庭，学校，ふるさと等，身近な話題について，音声で十分慣れ親しんだ単語を，手本を見て3語程度書き写すことができる。	

【巻末資料2】

岐阜市立長良東小学校　「外国語（英語）科」における各学年の学習到達目標【理解の能力】

(2017年度)

外国語の目標（高等学校）

外国語を通じて，言語や文化に対する理解を深め，積極的にコミュニケーションを図ろうとする態度の育成を図るとともに，幅広い話題について，情報や考えなどを的確に理解したり適切に伝えたりするコミュニケーション能力を養う。

外国語の目標（中学校）

外国語を通じて，言語や文化に対する理解を深め，積極的にコミュニケーションを図ろうとする態度の育成を図り，聞くこと，話すこと，読むこと，書くことなどのコミュニケーション能力の基礎を養う。

第1学年の目標	第1学年の目標	第1学年の目標
聞くことにおける目標	**読んだ内容を理解することにおける目標**	**声に出して読むことにおける目標**
・自分自身や家庭，学校，自分を取り巻く社会等，身近な話題について（話題） ・既習表現が用いられた自然な口調で話される50語程度のまとまりのある英文を聞き（程度） ・話し手の考えや気持ち，身の回りの出来事，必要な情報等を（内容） ・(1)強勢，イントネーション，区切り等の基本的な英語の音声の特徴を捉えて，正確に聞き取ることができる。 ・(2)理解できない語句を繰り返す，内容や意味を聞き返して確認する等，conversation strategies（対話方略）を適切に用いながら，質問や依頼等に言葉や行為で適切に応じたり，英文の概要や要点を正しく聞き取ったりすることができる。（理解方法）	・自分自身や家庭，学校，自分を取り巻く社会等，身近な話題について（話題） ・説明文や紹介文等，既習表現が用いられた150語程度のまとまりのある英文を（程度） ・書き手の考えや気持ち，身の回りの出来事等を（内容） ・「いつ」「どこで」「だれが」「なにを」「どのように」「どうした」という5W1Hに着目したり，前後の文同士のつながりを捉えたりしながら理解することができる。（理解方法）	・自分自身や家庭，学校，自分を取り巻く社会等，身近な話題について（話題） ・説明文や紹介文等，100から150語程度のまとまりのある英文を（程度） ・書き手の主張，気持ちや考えとその理由や具体例等，文の意味内容を正しく伝えるために（目的） ・文字や符号を識別し，語と語の連結や強勢，区切り等に留意しながら，現代の標準的な発音・アクセントで正しく音読することができる。（方法）

外国語の目標（小学校）

《高学年》
　外国語を通じて，言語や文化について体験的に理解を深め，積極的にコミュニケーションを図ろうとする態度の育成を図り，身近で簡単なことについて外国語の基本的な表現に関わって，聞くことや話すこと等のコミュニケーション能力の基礎を養う。

《低学年・中学年》
　外国語を通じて，言語や文化について体験的に理解を深め，積極的にコミュニケーションを図ろうとする態度の育成を図り，外国語の音声等に慣れ親しませながら，コミュニケーションの素地を養う。

	聞くことにおける目標	読むことにおける目標
6年生	自分自身や家庭，学校，ふるさと岐阜等，身近な話題について，3往復程度のやりとりを通して，理解した言葉を繰り返す，より知りたいことについて聞き返す，質問する等，conversation strategies（対話方略）を用いて対話を継続させながら，話し手の気持ちや考えを聞き取り，適切に応じることができる。	自分自身や家庭，学校，ふるさと岐阜等，身近な話題について，ポスターの見出しや簡単なメッセージ文等，数語の単語からなる英文を，文字や符号を識別し，現代の標準的な発音・アクセントで正しく音読するとともに，書き手の意向や伝えたいことを正しく理解することができる。
5年生	自分自身や家庭，学校，ふるさと岐阜等，身近な話題について，2往復程度のやりとりを通して，理解した言葉を繰り返す，より知りたいことについて聞き返す等，conversation strategies（対話方略）を用いて対話を継続させながら，話し手の気持ちや考えを聞き取り，適切に応じることができる。	自分自身や家庭，学校，ふるさと岐阜等，身近な話題について，ポスターの見出しやキーワード等，数文字のアルファベットからなる単語を，文字や符号を識別し，正しく読むことができる。
4年生	自分自身や家庭，学校，ふるさと岐阜等，身近な話題についてのやりとりを通して，基本的な表現に慣れ親しみながら，簡単な言葉で感想や驚きなどの気持ちを伝える等，反応しながら聞くことができる。	自分自身や家庭，学校，ふるさと岐阜等，身近な話題について，数文字のアルファベットからなる単語を読むことに慣れ親しみ，それぞれの単語の意味を正しく理解することができる。
3年生	自分自身や家庭，学校，ふるさと岐阜等，身近な話題についてのやりとりを通して，基本的な表現に慣れ親しみながら，わからない言葉があっても類推したり，簡単な言葉や動作で自分が理解していることを示す等の反応をしたりしながら聞くことができる。	アルファベットの小文字の形や読み方に慣れ親しむとともに，アルファベットの大文字・小文字を見付けたり読んだりすることができる。
2年生	自分自身や家庭，学校等，身近な話題について，基本的な語彙や表現に慣れ親しみながら，理解したことを簡単な言葉や動作で示す等の反応をしながら聞くことができる。	アルファベットの大文字・小文字の形や読み方に慣れ親しむ。
1年生	自分自身や家庭，学校等，身近な話題について，基本的な語彙や表現に慣れ親しみながら，理解していることをうなずきで示したり，理解できていないことを表情で表したりする等の反応をしながら聞くことができる。	アルファベットの大文字・小文字の形や読み方に慣れ親しむ。

＊言語習得の過程において，初期段階では「聞くこと」による大量のインプットが重要であるため，読むことの評価は高学年から行う。

【巻末資料3】

話題別学習到達目標【私たちの学校・ふるさと自慢】

学年	到達目標	到達目標を具現した対話例
6	【聞くこと・話すこと】 ・自分たちの学校や長良の町，岐阜市，岐阜県について， ・話し手は，自分たちの学校や長良の町，岐阜市，岐阜県のよさや魅力，できること，名所・名産品や自分のお気に入りのポイントとその理由などを ・I like/enjoy 〜. Because ....やYou can 〜. などの英語表現を用いて話しながら， ・聞き手は，相手の発話を繰り返す，相手の発話内容について簡単な感想を述べる，相手が言ったことに関する即興的な質問をするなどの対話方略を用いて聞きながら，3往復程度の対話をすることができる。 【書くこと】 ・話したことをもとに，例文を参考にしたり，定型表現や慣れ親しんだ単語を書き写したりしながら，岐阜市の名所・名産品，岐阜市でできること，自分のおすすめポイントとその理由など，ふるさとのよさや魅力を，3文程度の英文で書くことができる。	A: Hi, how are you? B: I'm great. How are you? A: I'm pretty good. Let's talk about Gifu. B: OK. A: What do you like about Gifu? B: I like Gifu Castle. A: You like Gifu Castle. Sounds nice. Why do you like it? B: Because it's cool. A: It's cool. I think so too. Tell me more, please. B: Gifu Castle is on Mt. Kinka, so you can enjoy climbing a mountain. It's fun! A: That's good. B: Now it's your turn. What do you like about Gifu? … A: Nice talking to you. B: You too. *Tell me more, please. 以降の部分については，語順等の正確さは求めない。
5	【聞くこと・話すこと】 ・自分たちの学校や長良の町について， ・話し手は，学校や町のよさや魅力（好きなところ・なにができるのか等）とその理由，自分の気持ちなどを， ・I like/enjoy 〜. Because ....やI can 〜. などの英語表現を用いて話しながら， ・聞き手は，相手の発話を繰り返す，相手の発話内容について簡単な感想を述べるなどの対話方略を用いて聞きながら，2往復程度の対話をすることができる。 【書くこと】 ・話したことをもとに，例文を参考にしたり，定型表現や慣れ親しんだ単語を書き写したりしながら，長良の町のお気に入りの場所，よさ，できることなど，ふるさとのよさや魅力を，3文程度の英文で書くことができる。	A: Hi, how are you? B: I'm great. How are you? A: I'm pretty good. Let's talk about Nagara. B: Sure. A: What do you like about Nagara? B: I like the Tenjin River. A: You like the Tenjin River. Sounds nice. Why do you like it? B: Because I like fishing. A: You like fishing. That's nice. Tell me more, please. B: I enjoy catching fish. I can catch oikawa. It's fun! A: That's good. B: Now it's your turn. What do you like about Nagara? … A: Nice talking to you. B: You too. *Why do you like it? 以降の部分については，語順等の正確さは求めない。
3・4	【聞くこと・話すこと】 ・岐阜県・岐阜市内の名所について， ・話し手は，県内・市内の名所のよさや魅力（好きなところ）とその理由，自分の気持ちなどを， ・I like 〜. やBecause .... などの英語表現を用いて話しながら， ・聞き手は，相手の発話を繰り返す，相手の発話内容について簡単な感想を述べるなどの対話方略を用いて聞きながら， ・2往復程度の対話をすることができる。	A: Hi, how are you? B: I'm great. How are you? A: I'm pretty good. Let's talk about Gifu. B: Sure. A: What do you like about Gifu City? B: I like *Ukai*. A: You like *Ukai*. Sounds nice. Why? B: (Because) it's beautiful. A: Beautiful. I think so too. B: Now it's your turn. What do you like about Gifu City? … A: Nice talking to you. B: You too. *Why? 以降の部分については，語順等の正確さは求めない。
1・2	【聞くこと】 ・学校の教室や長良の町，そこにあるもの，日本の季節・行事について，絵やジェスチャーを手掛かりにして，単語（2語程度）で反応したりしながら聞くことができる。	

*この話題で繰り返し使用させたい英語表現：I like 〜（動名詞）playing/studying/ reading/ eating. Why do you like 〜? I enjoy 〜. I can 〜. You can 〜. What do you like about 〜? library, science room, gym, playground, classroom, lunch, book(s), teacher, river, mountain, shop, hospital, school, temple, supermarket

教科書題材	英語表現	言語活動, 他教科・学校行事との関連, 評価の場と方法　等
＊Kids Crown for Gifu City（アドバンスト）Area Study ①② Where is Gifu City? Things in Gifu City	・What do you like about 〜? ・Why do you like 〜? ・Because 〜. ・I like 〜ing.	【言語活動】 ・岐阜市のよさを伝える紹介カードを作ろう ・岐阜市のよさを伝える紹介カードを作るために，お気に入りの場所やそこでできることを伝え合おう 【他教科・学校行事との関連】 ・国語「町のよさを伝えるパンフレットを作ろう」 ・社会「私たちの生活と政治」 ・総合的な学習の時間「日本と世界の国々とのかかわり」 【評価の場と方法】 ・Performance Test （Speaking Test 児童同士の対話） ・紹介カードに書いた英文
＊Kids Crown for Gifu City（スタンダード）Area Study ② Things in Gifu City 岐阜市が誇りに思っているもの ＊Kids Crown for Gifu City（スタンダード）Area Study ③ Walking in the Town 町たんけんをしよう ＊Kids Crown for Gifu City（スタンダード）Area Study ④ Gifu Sugoroku 岐阜県すごろくを楽しもう	・What do you like about 〜? ・Why do you like 〜? ・Because 〜. ・I like 〜ing.	【言語活動】 ・長良の町のよさを伝えるポスターを作ろう ・長良の町のよさを伝えるポスターを作るために，町の魅力やお気に入りの場所について交流しよう 【他教科・学校行事との関連】 ・総合的な学習の時間「長良の町のバリアフリー」 【評価の場と方法】 ・Performance Test （Speaking Test 教師との対話） ・ポスターに書いた英文
	・Where do you like in 〜? ・I like 〜.	【言語活動】 ・岐阜市のみりょくを伝えよう 【他教科・学校行事との関連】 ・社会「私たちの県」「私たちの市」 ・総合的な学習の時間「ながらのまちたんけん」 【評価の場と方法】 ・Performance Test （Speaking Test 教師との対話）
	・Where do you live? ・What do you see? ・動物, 色等の名称	

【巻末資料4】

話題別学習到達目標【1日の生活・予定】

学年	到達目標	到達目標を具現した対話例
6	・1日の生活, 中学校の日課, 週末の予定などについて, 【聞くこと・話すこと】 ・活動の内容や時間帯などを, ・話し手は, I like/ enjoy/ get up/study/go to school/go home/watch TV/go to bed/eat 〜. I'm going to 〜.などの英語表現を用いて話しながら, ・聞き手は, 相手の発話を繰り返す, 相手の発話内容について簡単な感想を述べる, 相手が言ったことに関する即興的な質問をするなどの対話方略を用いて聞きながら, ・3往復程度の対話をすることができる。 【読むこと・書くこと】 ・読むことにおいては, 書き手が何時頃, 何をしているかについて, ・絵や文字などを手掛かりにして, ・3文程度の英文から読みとることができる。 ・書くことにおいては, 何時頃何をするのかを表す,「長期休業中の1日の計画表」を, ・話したことをもとに, 例文を参考にしたり, 定型表現や慣れ親しんだ単語を書き写したりしながら, ・動詞や句動詞など, 2〜3語の単語で書くことができる。	A: Hi, how are you? B: I'm great. How are you? A: I'm pretty good. So, let's talk about weekend. B: OK. A: Do you have any plans this weekend? B: Yes. I'm going to play basketball. A: You are going to play basketball. Sounds nice. With who? B: With my friends. A: With your friends. That's nice. B: How about you? Do you have any plans? A: Yes. I'm going to go to Tokyo. B: Tokyo! I'm jealous! What's your plan in Tokyo? A: I'm going to enjoy shopping. B: Shopping! Sounds nice. What city? A: I want to go to Harajuku. B: I want to go to Harajuku too! … A: Nice talking to you. B: You too. *With who?やWhat's your plan? 以降の部分については, 語順等の正確さは求めない。
5	【聞くこと・話すこと】 ・週末の様子や学校での学習について, ・自分が週末にしたこと, 理想の時間割とその理由などを, ・話し手は, I like/ enjoyed 〜. I study 〜. Because 〜.などの英語表現を用いて話しながら, ・聞き手は, Did you enjoy 〜? What did you enjoy? What subjects do you study? What is your 〜? Why do you like 〜?などの英語表現を用いて尋ねるとともに, 相手の発話を繰り返す, 相手の発話内容について簡単な感想を述べる, 相手が言ったことに関する即興的な質問をするなどの対話方略を用いて聞きながら, ・2往復程度の対話をすることができる。 【読むこと・書くこと】 ・学校での学習について, ・自分が勉強する教科を, ・読むことにおいては, 絵カードと文字カードをマッチさせて, ・すべての教科の単語を認識することができる。 ・書くことにおいては, これまでに慣れ親しんだ単語を書き写して, ・5語程度書くことができる。	A: Hi, how are you? B: I'm great. How are you? A: I'm pretty good. Let's talk about dream schedule. B: Sure. A: What subjects do you study? B: I study Japanese, math, English, home economics, home economics, and special project. A: I see. What is your special project? B: It's Othello tournament. A: Othello tournament! Sounds nice! B: Do you like my dream schedule? A: Yes, I do. B: Why do you like it? A: Because I like cooking, and I like Othello! … A: Nice talking to you. B: You too. *Why do you like it? 以降の部分については, 語順等の正確さは求めない。
3・4	・小学校の日課, 放課後にすることなどについて, 【聞くこと・話すこと】 ・教科や曜日の名称などを, ・話し手は, I like/ study/ watch/ play 〜.などの英語表現を用いて話しながら, ・聞き手は, 相手の発話を繰り返す, 相手の発話内容について簡単な感想を述べるなどの対話方略を用いて聞きながら, ・2往復程度の対話をすることができる。 【読むこと】 ・教科や曜日の名称などに, ・絵や写真を手掛かりにしながら, 慣れ親しむ。	A: Hi, how are you? B: I'm great. How are you? A: I'm pretty good. Let's talk about school schedule. B: OK. A: What day do you like? B: I like Wednesday. A: You like Wednesday. Sounds nice. Why? B: On Wednesday, I study science and math. I like science and math. A: You like science and math. No way! B: How about you? What day do you like? A: I like … … A: Nice talking to you. B: You too. *Why? 以降の部分については, 語順等の正確さは求めない。
1・2	【聞くこと】 ・教科・数字や月・曜日について, ・順序や回数, 曜日の名称などを, ・絵カードや話し手のジェスチャーを手掛かりにして, ・ジェスチャーや2語程度の単語で反応しながら, 聞いて理解することができる。	

*この話題で繰り返し使用させたい英語表現：I like/ enjoy/get up /go to / play / eat / watch / study /〜 What time do you 〜? What 〜 do you like/study? How about 〜? Sunday, Monday, Tuesday, Wednesday, Thursday, Friday, Saturday   January, February, March, April, May, June, Jury, August, September, October, November, December one, two, …hundred   English, Japanese, Math, Science, Social study, Arts and Craft, Cerography, PE, Home Economics, Home room

教科書題材	英語表現	言語活動, 他教科・学校行事との関連, 評価の場と方法　等
・『Hi, friends! 2』 Lesson 6 What time do you get up? 「1日の生活を紹介しよう」	・What time do you 〜? ・What are you going to do 〜? ・Do you have any plans 〜? ・I study /watch/eat/ play 〜. ・I get up /go to school/ at 〜. など ・How about you? ・How about 〜ing? 数字, 教科の名称を表す名詞など	【言語活動】 ・Small Talk ・「中学校の生活を知ろう」…東長良中1年生と直接交流できるとよい。 ・「夏休み/冬休みの計画を立てよう」…長期休業中の日課表を個人で作成する。 【他教科・学校行事との関連】 ・家庭「わたしの生活時間」 ・特別活動「中学校1日入学」 【評価の場と方法】 ・聞くこと・話すこと…パフォーマンステスト （Speaking Test 児童同士の対話） ・読むこと…ペーパーテスト ・書くこと…長期休業の計画表
・『Hi, friends! 1』 Lesson 8 「夢の時間割をつくろう」	・Did you enjoy your weekend? ・What did you do? ・Why not? ・I enjoyed 〜ing. ・What subjects do you study? ・I study 〜. ・What is your 〜? ・It's 〜. ・Why do you like it? ・Because 〜. ・I like 〜. ・It's fun/interesting/exciting! ・教科の名称を表す名詞	【言語活動】 ・Small Talk ・「夢の時間割をつくろう」…自分や相手のオリジナルの時間割について好きか嫌いかを交流する。終末には良い時間割をみんなで選び, 本当にその時間割を行う。 【他教科・学校行事との関連】 ・国語「教えて, あなたのこと」「聞いて, 聞いてみよう」 【評価の場と方法】 ・聞くこと・話すこと…パフォーマンステスト （Speaking Test 教師との対話） ・読むこと…カードマッチングゲーム ・書くこと…"Dream Schedule"ワークシートに書いた単語
	・What 〜 do you like? ・I like 〜. ・Why? ・Why not? ・I study 〜.	【言語活動】 ・Small Talk ・「〇年〇組で人気の曜日を調べよう」 【他教科・学校行事との関連】 ・国語「資料からわかる小学生のこと」 ・算数「ぼうグラフと表」 【評価の場と方法】 ・聞くこと・話すこと…パフォーマンステスト （Speaking Test 教師との対話）
	・数字や曜日を表す名詞	【言語活動】 ・歌やリズムを用いて聞く活動 ・絵本の読み聞かせ 【他教科・学校行事との関連】 ・算数「10までのかず」 【評価の場と方法】 ・聞くこと…線つなぎゲームなど

【巻末資料5】

話題別学習到達目標【将来の夢・したいこと】

学年	到達目標	到達目標を具現した対話例
6	・中学校へ入学したらしてみたいこと,将来の夢,就きたい職業などについて, 【聞くこと・話すこと】 ・興味のある学習,部活動,大人になったらしたいことやそれらの理由などを, ・話し手は, I want to study〜. I want to play/do〜. I want to be 〜. Because 〜. I like 〜. などの英語表現を用いて話しながら, ・聞き手は,相手の発話を繰り返す,相手の発話内容について簡単な感想を述べる,相手が言ったことに関する即興的な質問をするなどの対話方略を用いて聞きながら, ・4往復程度の対話をすることができる。 【読むこと・書くこと】 ・読むことにおいては,書き手が興味のある教科や部活動,就きたい職業の名前などを, ・絵や文字などを手掛かりにして, ・3文程度の英文から読みとることができる。 ・書くことにおいては,自分が興味をもつ教科や部活動,就きたい職業の名前などを, ・話したことをもとに,例文を参考にしたり,定型表現や慣れ親しんだ単語を書き写したりしながら, ・主語と動詞のある3文程度の英文で書くことができる。	A: Hi, how are you? B: I'm great. How are you? A: I'm pretty good. So, let's talk about "dream". B: OK. A: What do you want to be in the future? B: I want to be a nurse. A: You want to be a nurse. Sounds nice. 　Why do you think so? B: Because I want to help sick people. A: You want to help sick people. That's wonderful! Tell me more, please. B: OK. My grandmother is sick, and she is in the hospital. 　Nurses are very kind to my grandmother. So I want to be like them. A: That's great. You can be a good nurse. B: Thank you. Well, now it's your turn. What do you want to be in the future? … A: Nice talking to you. B: You too. *Tell me more, please. に対する回答部分については,語順等の正確さは求めない。
5	・行ってみたい国,使ってみたいドラえもんの道具などについて, 【聞くこと・話すこと】 ・国の名前,欲しい道具,それらの理由などを, ・話し手は, I want to go to 〜. Because 〜. I want 〜. などの英語表現を用いて話しながら, ・聞き手は,相手の発話を繰り返す,相手の発話内容について簡単な感想を述べる,相手が言ったことに関する即興的な質問をするなどの対話方略を用いて聞きながら, ・3往復程度の対話をすることができる。 【読むこと・書くこと】 ・読むことにおいては,社会科の学習で扱う主な国の名前を, ・絵カードと単語カードをマッチさせて, ・国の名前の単語を認識することができる。 ・書くことにおいては,自分が行ってみたい国の名前や,欲しい道具の名前などを, ・話したことをもとに,例文を参考にしたり,定型表現や慣れ親しんだ単語を書き写したりしながら, ・単語で書くことができる。	A: Hi, how are you? B: I'm great. How are you? A: I'm pretty good. Let's talk about Doraemon tools. B: Sure. A: What Doraemon tool do you want? B: I want *Dokodemo* Door. A: You want *Dokodemo* Door. Sounds nice. 　Why do you think so? B: Because I want to go to many countries. A: You want to go to many countries. Me too. Where do you want to go to? B: I want to go to Austria. A: You want to go to Austria. I see. Why? B: Because it's beautiful, and I like music. … A: Nice talking to you. B: You too. *What country do you want to go to? 以降の部分については,語順等の正確さは求めない。
3・4	・クリスマスに欲しいもの,夏休みに行ってみたい場所などについて, 【聞くこと・話すこと】 ・欲しいものの名前や行ってみたい場所の名前,それらの理由などを, ・話し手は, I want 〜. I want to go to 〜. などの英語表現を用いて話しながら, ・聞き手は,相手の発話を繰り返す,相手の発話内容について簡単な感想を述べるなどの対話方略を用いて聞きながら, ・2往復程度の対話をすることができる。 【読むこと】 ・岐阜県内の地名などを, ・絵や写真を手掛かりにしながら, ・ローマ字で書かれた単語を認識することができる。	A: Hi, how are you? B: I'm great. How are you? A: I'm pretty good. Let's talk about Christmas present. B: OK. A: What present do you want? B: I want a game soft. A: You want a game soft. Sounds nice. 　What game? B: I want *Tomodachi* Collection. A: You want *Tomodachi* Collection. Why? B: (Because) it's fun! A: I see. Now it's your turn. What present do you want? … A: Nice talking to you. B: You too.
1・2	【聞くこと】 ・どんな3年生になりたいかについて, ・欲しいものやなりたい姿(性格・様子)を, ・絵カードや話し手のジェスチャーを手掛かりにして聞き, ・特に重要なキーワードなどを聞き取ることができる。	

*この話題で繰り返し使用させたい英語表現: I want to go to / play / eat / have / study / be 〜. I want 〜. What do you want to 〜? What 〜 do you want?

教科書題材	英語表現	言語活動, 他教科・学校行事との関連, 評価の場と方法　等
・『Hi, friends! 2』 　Lesson 8 　What do you want to be? 　「夢宣言をしよう」 ・『We Can! 2』 　What do you want to be? 　「将来の夢・職業」	・What do you want to be～? ・What do you want to study～? ・What do you want to play～? ・I want to study ～. ・I want to play/do ～. ・I want to be ～. ・Why do you think so? ・Because ～. ・I like ～ing. ・It's fun/interesting/difficult/ hard/easy. 教科・スポーツ・職業等を表す名詞	【言語活動】 ・Small Talk ・「中学校の生活を知ろう」…東長良中1年生と直接交流できるとよい。 ・「夢宣言をしよう」…将来の夢やしたいことを紹介するカードを個人で作成する。 【他教科・学校行事との関連】 ・国語「今, 私は, ぼくは」 ・特別活動「中学校1日入学」 【評価の場と方法】 ・聞くこと・話すこと…パフォーマンステスト （Speaking Test 教師との対話） ・読むこと…ペーパーテスト ・書くこと…紹介カードに書いた英文
・『Hi, friends! 2』 　Lesson 5 　Let's go to Italy. 　「友だちを旅行にさそおう」	・What ～ do you want? ・Where do you want to go to? ・I want ～. ・I want to go to ～. ・I want to see ～. ・I want to eat ～. ・I want to enjoy ～ing. ・Why do you think so? ・Because ～. ・I can ～. ・It's fun/useful. ・国の名称を表す名詞	【言語活動】 ・Small Talk ・「仲間を集めて外国旅行をしよう」…スクランブルで行ってみたい国と理由を尋ね合い, 気の合う仲間を探す。終末では見つけたメンバーでその国の紹介ポスターを作ってクラスに紹介。 【他教科・学校行事との関連】 ・社会「世界の中の国土」 【評価の場と方法】 ・聞くこと・話すこと…パフォーマンステスト （Speaking Test 教師との対話） ・読むこと…カードマッチングゲーム ・書くこと…"This is ME!"ポスター（試案）に書いた単語
	・What ～ do you want? ・I want ～. ・Why? ・What food?　What game? など, 　What ○○? という疑問文	【言語活動】 ・Small Talk ・「サンタさんに手紙を書こう」…ペアで欲しいものについて対話した後, サンタさんへの手紙を書く。ワークシートにI want（　　　）. Please give me（　　　）. という英文枠を印刷しておき, 欲しいものを単語で書く。「良い子にする約束」を日本語で付け加える。 【他教科・学校行事との関連】 ・社会「私たちの県」「私たちの市」 【評価の場と方法】 ・聞くこと・話すこと…パフォーマンステスト （Speaking Test 教師との対話）
	・I want ～. ・I want to be ～. ・身の回りのものを表す名詞 ・性格や様子を表す形容詞	【言語活動】 ・やりとりを中心とした聞く活動 ・絵本の読み聞かせ 【他教科・学校行事との関連】 ・児童会活動「なかよしあそび」 【評価の場と方法】 ・聞くこと…線つなぎゲームなど

【巻末資料6】

言語活動と英語表現の柔軟な取扱い計画表（5年生）【試案1】　＊Small Talkを中心に作成

技能領域	繰り返し取り組む言語活動	発話例・筆記例 (繰り返し活用する英語表現)	繰り返し活用させたい英語表現					
			定型表現	be動詞	一般動詞 (現在・過去)	形容詞	名詞・動名詞	疑問文
1学期 (4.5月) LSIRW	L/SI Small Talk 4月 ①挨拶 ②好きな食べ物 ③好きなスポーツ 5月 ④好きな色 ⑤好きな給食 ⑥好きな動物 関連させることができる他領域の学習活動 R 衣類や菓子のパッケージなどを持参し、アルファベットの大文字を見つける活動を行う。 大文字の仲間探し、大文字のかるた、文字をとって単語を組み立てるゲームなどを行う。 W 話したことをもとに "This is ME!" ポスターを書く。 (単語リストを見ながら単語のみ4線上に大文字で書き写す)	①Hello. B: Hi. A: How are you? B: I'm good. How are you? A: I'm great. ②③ (①の挨拶後) A: Let's talk about sports. B: OK. A: I like basketball, dodgeball, and tennis. B: You like basketball, dodgeball, and tennis. That's nice. A: Do you like tennis? B: No, I don't, but I like basketball. A: You like basketball. I see. Nice talking to you. B: You too. ④⑤⑥ (①の挨拶後) A: Let's talk about animals. B: OK. A: What animals do you like? B: I like dogs, cats, and rabbits. A: You like dogs, cats, and rabbits. That's good. B: How about you? What animals do you like? A: I like monkeys, horses, and tigers. B: You like monkeys, horses, and tigers. That's nice. A: Nice talking to you. B: You too. 筆記例 Hello! I'm Ken. I like BASEBALL. I like DOGS. I like PEACHES.	挨拶の定型表現 I'm.... How are you? 勧誘表現 Let's talk about ….	am	like		food curry and rice など、食べ物の名称 sport (s) baseball, basketball, tennis など、スポーツの名称 color (s) red, blue, pink など、色の名称 animal (s) dog, cat, elephant など、動物の名称	Do you like...? What...do you like? How about you?
1学期 (6.7月) LSIRW	L/SI Small Talk 6月 ⑦好きなキャラクターとその理由 ⑧好きなテレビ番組とその理由 ⑨好きな季節とその理由 ⑩好きな月とその理由 7月 ⑪野外学習の思い出 ⑫野外学習の思い出 関連させることができる他領域の学習活動 R スポーツや動物など身近な名詞について神経衰弱などのカードゲームを行い、単語を読むことに親しむ。 W ＊話したことをもとにキャンプファイヤーやウォークラリーなどを表す絵カードに "FUN" "EXCITING" などの気持ちを表す単語と自分の名前を書き、全員の絵カードを貼ってクラスで1枚の野外学習思い出マップを作る。	⑦⑧⑨⑩ (①の挨拶後) A: Let's talk about characters. B: OK. A: What characters do you like? B: I like Nobita. A: You like Nobita. That's good. Why do you like Nobita? B: Because he's kind. A: Kind. I see. B: How about you? What characters do you like? A: I like Goku. B: You like Goku. That's nice. Why? A: Because he's strong. B: He's strong. I think so too. .... ⑪・⑫ (①の挨拶後) A: Let's talk about school trip. B: OK. A: Did you enjoy your school trip? B: Yes, I did. A: What did you do? B: I enjoyed cooking curry and rice. A: Curry and rice. I see. B: How about you? Did you enjoy your school trip? A: Yes, I did. B: What did you do? A: I enjoyed the camp fire. B: Camp fire. That's good. Why did you like it? A: Because I like dancing. (It was) fun. B: You like dancing. .... 筆記例 FUN！ Ken	挨拶の定型表現 I'm.... How are you? 勧誘表現 Let's talk about ….	am is (was)	like enjoy enjoyed do did	cute strong cool great funny nice kind fun interesting exciting delicious hot cold cool warm	character TV season (s) spring summer fall winter Christmas new year school trip cooking camp fire dancing walk rally	Do you like ...? Did you enjoy ...? What ... do you like? What did you do? How about you? Why do you like ...? (Because....)
2学期 (9月) LSIR	L/SI Small Talk 9月 ⑬夏休みの思い出 ⑭夏休みの思い出 ⑮運動会の思い出 関連させることができる他領域の学習活動 衣類や菓子のパッケージなどを持参し、アルファベットの小文字を見つける活動を行う。 アルファベットの仲間見つけ、アルファベットかるたなど、アルファベットの文字の認識を促すゲーム活動を行う。	⑬・⑭ (挨拶 + Let's talk about summer vacation.) A: Did you enjoy your summer vacation? B: Yes, I did. A: What did you do? B: I went to Tokyo. A: Tokyo. That's nice. What did you do in Tokyo? B: I went to the planetarium. I enjoyed watching stars. A: Watching stars. Sounds nice. B: How about you? Did you enjoy your summer? A: No, I didn't. B: Why not!? A: Because I (was) busy. I went to cram school. B: Cra...? Excuse me? A: Study. Math, Japanese. ... (塾の名前). B: Oh! 塾か〜. I see. That's a shame. ... ⑮ (挨拶 + Let's talk about 'Sports Day.') A: Did you enjoy Sports Day? B: Yes, I did. A: What did you do? B: I enjoyed tug of war. A: You enjoyed tug of war. Really? I don't like tug of war. B: I see. What do you like? A: I like mukade race!	挨拶の定型表現 I'm.... How are you? 勧誘表現 Let's talk about ….	am is (was)	like enjoy enjoyed do did go went	fun exciting interesting great beautiful delicious tired best	summer vacation watching shopping fishing swimming running firework(s) camp sea river mountain house family friend cousin grandmother grandfather tug of war race	Do you like ...? Did you enjoy ...? What ... do you like? What did you do? How about you? Why do you like ...? (Because....) With who? When? Where?

※ ○付数字は時間数を表している。

技能領域	繰り返し取り組む言語活動	発話例・筆記例（繰り返し活用する英語表現）	繰り返し活用させたい英語表現					
			定型表現	be動詞	一般動詞（現在・過去）	形容詞	名詞・動名詞	疑問文
2学期（10月） LSIRW	L/SI Small Talk 10月 ⑯日本の好きなところとその理由 ⑰奈良東小学校の好きなところとその理由 ⑱長良の町の好きなところとその理由 ⑲長良の町の好きなところとその理由 関連させることができる他領域の学習活動 R 学校や街について好きな物を表す際に有用な英語表現について、ミッシングゲームやマッチングゲームなど、単語の認識を促すゲーム活動や、ワードオーダーゲームなど、語順への気づきを促すカードゲームを行う。 W 長良の町紹介ポスターを書く。 （単語リストを見ながら単語のみ4線上に書き写す）	⑱・⑲（挨拶＋Let's talk about Nagara Town.） A: What do you like about Nagara town? B: I like Nagara Park. A: You like Nagara Park. That's good. B: Why do you like it? A: Because it's fun to play tags. B: Tags. Sounds nice. With who? A: (With my) friends. B: Friends. That's nice. What tags do you like? A: I like ice tag. B: Ice tag. Me too. A: Now it's your turn. What do you like about Nagara town? B: I like the Nagara River. A: You like the Nagara River. That's nice. Why do you like it? B: Because I like fireworks. A: You like fireworks. B: Yes. I enjoy watching fireworks in summer. A: Me too! What small shop food do you like? B: I like cotton candy. … 筆記例 I like the Nagara River. I enjoy swimming. It's fun!	挨拶の定型表現 I'm… How are you? 勧誘表現 Let's talk about ….	am is	like enjoy do play relax	fun exciting interesting great beautiful delicious nice kind clear green Japanese	studying reading playing eating English science Japanese math PE home economics arts and craft music school lunch room library book gym river mountain park shop	Do you like …? What do you like about …? What … do you like? How about you? Why do you like …? (Because….) With who? When? Where?
2学期（11月） LSI	L/SI Small Talk 11月 ⑳好きな国とその理由 ㉑国当て漢字クイズ ㉒キャラクター当て漢字クイズ ㉓キャラクター当て描写クイズ （前時に行ったクイズを、相手をかえて行う。） L/S クイズ活動 国当て漢字クイズ キャラクター当て漢字クイズ キャラクター当て描写クイズ	㉑・㉒（挨拶＋Let's play Kanji Quiz! Yes, let's!） A: (ヒントの漢字「青」を見せながら） What's this? Can you guess? B: Um… it's blue? I don't know. Hint, please! A: OK. (「機」を見せながら) It's a robot. B: Robot??? Um… I don't know. More hint, please. A: OK. (「猫」を見せながら) It's a cat robot. B: あっ！ I know! It's Doraemon!! A: That's right! … ㉓（挨拶＋Let's play character quiz! Yes, let's!） A: (教師が示したイラストを見て） It's blue and yellow! It's a water fairy. It's [like a] water, water drop. B: ??? Blue and yellow? Water ??? A: Yes! It's a Gifu character! B: あっ！わかった！ It's Minamo! A: That's right! …	挨拶の定型表現 I'm… How are you? 勧誘表現 Let's talk about …. クイズで使う表現 Let's play … quiz! That's right!	am is	like want to …	cute strong cool great funny nice kind big small fun exciting interesting great beautiful delicious red blue yellow …etc.	country Japan character	Which … do you like? Which … do you want to go? Why do you like it? What's this? Can you …? How about you?
2学期（12月） LSIW	L/SI Small Talk 12月 ㉔～㉖大切なものとその理由 W 大切なものの紹介カードを書く。	㉔～㉖ A: What is your treasure? B: My treasure is a watch. A: A watch. That's good. Why do you like it? B: Because it's a birthday present from my mother. A: Birthday present! That's nice. Tell me more, please. B: I use it every day. A: Every day. I see. A: Now it's your turn. What is your treasure? …	挨拶の定型表現 I'm… How are you? 勧誘表現 Let's talk about ….	am is	like use	cute cool nice kind fun exciting interesting great beautiful delicious original useful important	treasure birthday present family mother father sister brother friend	What is your …? Do you like …? What … do you like? How about you? Why do you like …? (Because….) With who?
3学期（1.2月） LSIRW	L/SI Small Talk 1月 ㉗・㉘冬休みの思い出 ㉙好きな教科とその理由 2月 ㉚好きな教科とその理由 ㉛～㉝週末楽しかったこと 関連させることができる他領域の学習活動 L/SI/R 夢の時間割を考えて対話し、学級で実際に行う時間割を決める。 W 対話の際のメモとして、夢の時間割を単語一覧表を見て書く。	㉛～㉝（挨拶＋Let's talk about weekend.） A: Did you enjoy your weekend? B: Yes, I did. A: What did you do? B: I enjoyed playing baseball. A: You enjoyed playing baseball. That's nice. With who? B: With my team mates. A: Team mates. I see. … Games? B: Yes. A: Where? B: (At) Nagarahigashi play ground. A: Play ground. I see. (Did you) win? B: Yes! A: Great! …	挨拶の定型表現 I'm… How are you? 勧誘表現 Let's talk about ….	am is was	like enjoy enjoyed do did go went	fun exciting interesting great beautiful delicious boring	playing reading studying watching shopping subject English Japanese math science music PE social studies history home economics arts and craft movie book	Do you like …? What … do you like? How about you? Why do you like …? (Because….) With who? When? Where?
3学期（3月） LSIRW	L/SI Small Talk 3月 ㉞将来したいこと ㉟将来したいこととその理由 関連させることができる他領域の学習活動 単語への気づきを促すゲーム活動、文構造の気づきを促す（語順を考えながらカードを並べ替える）ゲーム活動を行う。 W 学級ごとに「将来の夢ツリー」を作り、自分の夢をカードに単語一覧表を見て書く。	㉞～㉟（挨拶＋Let's talk about dream.） A: What do you want to be in the future? B: I want to be a doctor. A: You want to be a doctor. That's great! Why? B: Because want to help sick people. A: シック？？ B: Bad…, ah,,, care,,, help, want to help! Sick people, hospital! A: ああ、病気？ sick people. I see! A: That's right! … 筆記例 I want to be a doctor. Ken	挨拶の定型表現 I'm… How are you? 勧誘表現 Let's talk about ….	am is be	like want to … want to be … help teach go live make AB	happy sick	doctor nurse teacher など、職業名 people	Do you like …? What … do you like? How about you? Why do you like …? (Because….) With who? When? Where?

【巻末資料7】

言語活動と英語表現の柔軟な取扱い計画表（5年生）【試案2】

※ 2018年度からの授業数増加にそなえ，本計画作成の2学期より，高学年で試験的に短時間学習を実施した。

学期	月	学習活動（前半）	学習活動（後半）	短時間学習	対話例・作文例
1学期	4月	・相手をかえて3人とあいさつをする。 ・対話の初めと終わりのあいさつ ねらい ・対話方略の定着	・クラスで人気の○○調査 ・身近な英語見つけ		5月の対話例 A: Hello. B: Hi. A: How are you? B: I'm good. And you? A: I'm happy. Let's talk about sports. B: OK. A: What sports do you like? B: I like ... basketball, tennis, and soccer. A: You like basketball, tennis, and soccer. 　That's nice. B: What sports do you like? A: Nice talking to you. B: You too.
	5月	・好きな○○について，相手をかえて3人と対話する。 ・自分の好きなものを述べる。 ・対話の切り出し ・繰り返し ・ひと言感想 ねらい ・対話方略の定着	・身近な大文字見つけ ・仲間集め（形の分類） ・大文字かるた ・短い単語作り ねらい ・大文字への慣れ親しみ		
	6月	・好きな○○とその理由について，相手をかえて3人と対話する。 ・自分の好きなものを述べる。 ・好きな理由を尋ねようとする。 ・好きな理由を答えようとする。 ねらい ・自分の考えとその理由を述べることへの慣れ親しみ（論理的思考力の素地を育てる）	・大文字単語カードゲーム ・ミッシングゲーム ・マッチングゲーム ・スポーツ，果物，動物 ねらい ・単語への意識		7月の対話例 A: Hello. B: Hi. A: How are you? B: I'm good. And you? A: I'm happy. Let's talk about sports. B: OK. A: What sports do you like? B: I like ... basketball, tennis, and soccer. A: You like basketball, tennis, and soccer. That's nice. 　Why do you like basketball? B: (Because it's) fun. A: Fun. I see. A: (Now it's your turn.) What sports do you like? ... A: Nice talking to you. B: You too.
	7月	・野外学習の思い出について，相手をかえて3人と対話する。 ・一番楽しかったこと ・その時の気持ち ねらい ・自分の考えとその理由を述べることへの慣れ親しみ（論理的思考力の素地を育てる）	・Hi, friends! Plusのゲーム ・Hi, friends! Plusのペンマンシップ ・"This is ME"ポスター ・好きなスポーツ，果物，動物を大文字で書き写す。 ねらい ・大文字を書くことへの慣れ親しみ		作文例 "This is Me!" ポスター HELLO! I'm YAEKO. I like TENNIS. I like WATERMELONS. I like MONKEYS.
2学期	9月	・夏休みの思い出について，相手をかえて3人と対話する。 ・夏休み中に行った場所 ・楽しんだこと ねらい ・過去形を用いて自分自身のことについて述べることへの慣れ親しみ	・身近な小文字見つけ ・仲間集め（形の分類） ・小文字かるた（音声） ・小文字かるた（大文字を見て小文字を取る） ・Hi, friends! Plusのゲーム，ペンマンシップ ねらい ・小文字を読むこと・書くことへの慣れ親しみ	・小文字かるた（音声） ・小文字かるた（大文字を見て小文字を取る） ・短い単語作り ねらい ・小文字への慣れ親しみ	9月の対話例（あいさつ後） A: Did you enjoy your summer vacation? B: Yes, I did. A: What did you do? B: I went to Osaka. A: (You went to) Osaka. That's nice. What did you do in Osaka? B: I enjoyed USJ. A: USJ! That's good. What attractions do you like? ... B: I like Harry Potter. ...
	10月	・東小/長良の町の好きなところとその理由について，相手をかえて3人と対話する。 ・好きな場所や事柄 ・好きな理由 ・さらに詳しく聞かれたことに答える。 ねらい ・自分の考えとその理由を述べる力（論理的思考力）を育てる。	・小文字単語カードゲーム ・ミッシングゲーム ・マッチングゲーム ・校内や校区内の場所，「本を読むこと」「ピアノを弾くこと」「鬼ごっこをすること」などの動名詞（日本語と英単語との一致） ・fun, coolなどの形容詞 ねらい ・単語への意識	・小文字単語カードゲーム ・ミッシングゲーム ・マッチングゲーム ・扱う語彙は左記と同じ ねらい ・単語への意識	10月の対話例（あいさつ後） A: What do you like about Nagara Town? B: I like Nagara Park. A: You like Nagara Park. That's nice. 　Why do you like it? B: Because I can play tag. A: (You like to) play tag. Me too. With who? B: (With my) friends. ... A: Nice talking to you. B: You too. 作文例（長良の町紹介ポスター） Hello! I'm Yaeko. Do you know about Nagara Town? I like Nagara Park. You can play tag. It's fun!
	11月	・好きな国とその理由について，相手をかえて3人と対話する。 ・国/キャラクター当て漢字クイズ ・キャラクター当て描写クイズ ねらい ・目にしたものの様子や特徴を捉え，その場で考えながら話す力（即興的表現力）を育てる。	・国/キャラクター当て漢字クイズ ・キャラクター当て描写クイズ ねらい ・目にしたものの様子や特徴を捉え，その場で考えながら話す力（即興的表現力）を育てる。	・長良の町紹介ポスターを書く。 ・単語リストを見ながら1コマに1文ずつ書く。 ねらい ・小文字を書くことへの慣れ親しみ	12月の対話例（あいさつ後） A: What is your treasure? B: My treasure is the tissue case. A: Tissue case. That's good. Why do you like it? B: Because it's my original. A: Original. Oh, (You made it at) home economics! B: Yes. I use it every day. A: That's nice! B: How about you? What is your treasure? ...
	12月	・大切なものとその理由について，相手をかえて3人と対話する。 ねらい ・自分の考えとその理由を述べる力（論理的思考力）を育てる。	・カード並べ替えゲーム ・単語カードを並べ替えて文を作る。 ねらい ・文構造への気付きを促す	・カード並べ替えゲーム ・単語カードを並べ替えて文を作る。 ねらい ・文構造への気付きを促す	
3学期	1月	・冬休みの思い出について，相手をかえて3人と対話する。 ・冬休み中に行った場所 ・楽しんだこと ねらい ・過去形を用いて自分自身のことについて述べることへの慣れ親しみ ・相手の発話内容について詳しく尋ねる対話方略の定着を図る。	・仲間集めゲーム ・仲間集め（品詞の分類） ・仲間はずれ探しゲーム ・仲間はずれ（品詞の分類） ・過去形かるた（音声） ・過去形かるた ・I ●● yesterday./ ●● everyday. などの教師の発話を聞き，●●に合う時制の動詞を選ぶ。 ねらい ・一般動詞（現在形・過去形）を読むことへの慣れ親しみ	・仲間集めゲーム ・仲間はずれ探しゲーム ・過去形かるた ねらい ・小文字への慣れ親しみ	1月の対話例（あいさつ後） A: Did you enjoy your winter vacation? B: Yes, I did. A: What did you do? B: I went to my grandmother's house. A: (You went to your) grandmother's house. 　That's nice. Where? B: Fukui. A: Fukui! I see. What did you do in Fukui? B: I enjoyed playing with my cousins. ...
	2月	・好きな教科とその理由について，相手をかえて3人と対話する。 ・週末楽しんだことについて，相手をかえて3人と対話する。 ・さらに詳しく聞かれたことに答える。 ねらい ・自分の考えとその理由を述べる力（論理的思考力）を育てる。 ・相手の発話内容について詳しく尋ねる対話方略の定着を図る。	・教科カードゲーム ・ミッシングゲーム ・マッチングゲーム ・カード並べ替えゲーム ・引いたカードを並べ替えて文が作れたらカードを取る。 ねらい ・単語への意識 ・文構造への気付きを促す。	・教科カードゲーム ・ミッシングゲーム ・マッチングゲーム ねらい ・単語への意識 ・文構造への気付きを促す。	2月の対話例（あいさつ後） A: What is your dream schedule? B: This is my dream schedule. 　(I want to study) science, English, P.E. and home economics. A: Science, English, P.E. and home economics. 　I see. What is your special subject? B: (It's) toso-chu (逃走中). Let's play tag! 　So, do you like my dream schedule? A: Yes, I do. B: Why do you like it? A: Because I like science. I like experiment. B: え…??? A: Experiment. Microscope, fish, science room, ... B: ああ！実験！I see. ...
	3月	・将来したいこととその理由について，相手をかえて3人と対話する。 ねらい ・自分の考えとその理由を述べる力（論理的思考力）を育てる。 ・I want to ～./ I like to ～. など，不定詞（名詞的用法）への慣れ親しみ	・カード並べ替えゲーム ・単語カードを並べ替えて文を作る。 ・引いたカードを並べ替えて文が作れたらカードを取る。 ねらい ・文構造への気付きを促す。	・カード並べ替えゲーム ・単語カードを並べ替えて文を作る。 ねらい ・文構造への気付きを促す。	3月の対話例（あいさつ後） A: What is your dream? B: I want to be a doctor. A: You want to be a doctor. That's great. 　Why (do you want to be a) doctor? B: Because I want to help many people. A: (You want to) help many people. I see. B: How about you? What is your dream? ...

[巻末資料8]

単元指導計画 5年生 「日本・世界で活躍する日本人」He is Famous! [全8時間]

単元目標①（単位時間の前半部分、学習活動①を通して）
- 国内外で活躍する日本人について、活動内容や目的にかなう活動、話題などを、
- 話し手は、I like 〜 . Because 〜. など、既習の英語表現を用いて話したりする。（話題）
- 聞き手は、Why do you like 〜? Who is your favorite 〜？Why do you like the great Japanese in the world? などの英語表現を用いて質問する。（方法）

単元目標②（単位時間の後半部分、学習活動②を通して）
- 日本や世界で活躍する有名人について紹介する英語表現、(I am 〜, I live in 〜, I can play 〜, I can 〜) を用いて書いたり、音声で慣れ親しんだ基本的な表現を自らの語彙から選択し書く技能を身に付ける。

	1	2	3（本時）	4	5	6	7	8
学習活動①	◆好きなスポーツ選手と人物の理由について話し合う。相手に自ら進んで話したり、既習の英語表現を活用したりし、新しい必要な英語表現に気付き取り入れて、話題「日本・世界で活躍する日本人」への興味関心・意欲を高め、対話を継続・展開することができる。 【Small Talk】 A: Who is your favorite athlete/entertainer? B: I like Shohei. A: You like Otani Shohei. I see. Why do you like Otani Shohei? B: Because he's a great baseball player! …	（SI）好きな日本人とその理由について話す。相手に自ら進んで話したり、既習の英語表現を活用したりし、新しい必要な英語表現に気付き取り入れて、話題「日本・世界で活躍する日本人」への興味関心・意欲を高め、対話を継続・展開することができる。 【対話例】 A: Who is your favorite Japanese person? B: I like Miyazaki Hayao. A: You like Miyazaki Hayao. Me too. Why do you like him/her? B: What Jiburi movies do you like? B: I like Korenai no Buta. A: Really? I like Ponyo! …	（SI）国内で活躍する好きな日本人とその理由について話す。相手に自ら進んで話したり、既習の英語表現を活用したりし、新しい必要な英語表現に気付き取り入れて、話題「日本・世界で活躍する日本人」への興味関心・意欲を高め、対話を継続・展開することができる。 【Small Talk】 ・好きな日本人の有名人とその理由について、相手を変えて3〜4回対話する。 【対話例】 A: Who is your favorite Japanese person? B: I like Ichiro. A: You like Ichiro. That's nice. Why do you like him? B: He's a great actor. Do you know Last Samurai? A: Yes, I do. B: He is in the movie! …	（SI）国内で活躍する好きな日本人とその理由について話す。相手に自ら進んで話したり、既習の英語表現を活用したりし、新しい必要な英語表現に気付き取り入れて、話題「日本・世界で活躍する日本人」への興味関心・意欲を高め、対話を継続・展開することができる。 【Small Talk】 ・国内で活躍する好きな日本人とその理由について、相手を変えて3〜4回対話する。 【対話例】 A: Who is your favorite Japanese person? B: Watanabe Ken. A: Watanabe Ken. I don't know. Who is Watanabe Ken? B: He's a great actor. Do you know Last Samurai? A: Yes, I do. B: He is in the movie! …	（SI）海外で活躍する好きな日本人とその理由について話す。相手に自ら進んで話したり、既習の英語表現を活用したりし、新しい必要な英語表現に気付き取り入れて、話題「日本・世界で活躍する日本人」への興味関心・意欲を高め、対話を継続・展開することができる。 【Small Talk】 ・海外で活躍する好きな日本人とその理由について、相手を変えて3〜4回対話する。 【対話例】 A: Who is the greatest Japanese in the world? B: Yoshida Saori. A: Yoshida Saori. I see. Why do you think so? B: Because she's great, strong English! A: I think so too.	（SI）海外で活躍する好きな日本人とその理由について話す。相手に自ら進んで話したり、既習の英語表現を活用したりし、新しい必要な英語表現に気付き取り入れて、話題「日本・世界で活躍する日本人」への興味関心・意欲を高め、対話を継続・展開することができる。 【Small Talk】 ・海外で活躍する好きな日本人とその理由について、相手を変えて3〜4回対話する。 【対話例】 A: Who is the greatest Japanese in the world? B: Honda Keisuke. A: Honda Keisuke. I see. Why do you think so? B: Because he can play soccer very well. And, he can speak English! A: I think so too.	（SI）発話による「Who am I?クイズ」を通して、既習の英語表現を活用することや、相手に必要な英語表現に気付き、それらを効果的に用いることができるようになる。「サイレントWho am I?クイズ」のイメージをつかむ。 【Small Talk】 A: I'm a dog. I'm a Japanese monster. Who am I? B: I got it! You are Komasan! A: That's right! Now I'm your turn. B: OK. I'm a woman. I'm strong. I like nature. Who am I? A: Um, I don't know. Hint, please. B: I like big insects. A: I know! You are Naushika!…	◆日本や世界で活躍する日本人について、その特徴や尊敬する理由などを、平易な表現を用いてまとまりのある英語で書こうとする。 【Let's Play】サイレントWho am I?クイズ ペアで、サイレントWho am I?クイズを行う。 ピントに書かれた一文ずつ読み、エイクロームから、「I got it!」となったら、相手カードを見せて、相手はカードの絵を見て、読んだら一連の学校全体で行うクイズのために、学校全体のプリントに数を記録しておく。 【英文例】 ・I am a man. ・I am young. ・I live in America ・I can play tennis well. →Nishikori Kei.（正解） （人からブリッジ取り）
学習活動②	（S）身近な人物について、その特徴を表している場所やそれらを日本語や文字カードを使い、英語やS＋V＋Cの語順に気付き、意味の通じる英語を日本語に訳し、英単語と日本語訳の意味が通じるかを判断する活動で理解する。 【Let's Play1】マッチングゲーム （人物の特徴を表す英単語を日本語カードのイラストと合わせて覚える） 【Let's Play2】ワードターゲットゲーム （トランプゲーム「七並べ」の要領で、カードを出しながら、最も手元のカードがなくなるかで勝負する） 【Let's Check】セレクトゲーム （学習プリントで行う。日本語に合う英単語を選び線で結ぶ） ◎学習全体（教師の動作指示、児童同士の日本語訳にはどちらか選択で取り組む） T. Wago kouchou sensei! T. That's right! ※学習全体で（教師の動作指示、児童同士の日本語訳） 用いて言語活動を広げる。日本語による活動も行い、英語で「サイレントWho am I?クイズ」の仕方を聞き、単元末の活動への興味関心を高める。	（S）人物の特徴を表す語句について、それを用いている場所やS＋Vの英語の語順に気付き、それを元に語句の意味や英語を理解することができる。 【Let's Play1】マッチングゲーム （人物の特徴を表す英単語カードと日本語カードをマッチングさせる。ペアで行う） 【Let's Play2】ワードターゲットゲーム （トランプゲーム「七並べ」の要領で、カードを出しながら、最も手元のカードがなくなるかで勝負する） 【Let's Check】セレクトゲーム （学習プリントで行う。日本語に合う英単語を選び線で結ぶ） ◎動画で有名人を見ながら英文を自由に発表する、児童は発表することで以下の日本語に合わせたルールで日本文と英文の順で表現・対話する。 T. I am a man. I am tall. T. That's right! 【Let's Play】Who am I?クイズ T. I am a man. I am tall. I am a math teacher. Who am I? S. I know! Kotani sensei! T. No. I am like everyone's father in this school. S. I know! Wago kouchou sensei! T. That's right!	（R）動作や特徴を表す語句について、それを用いている場所や、S＋V＋Cの英語の語順に気付き、それを元に語句の読み方や意味を理解することができる。 【Let's Play1】マッチングゲーム （日本語カードと英単語カードをマッチングさせる。ペアで同様） 【Let's Play2】ワードターゲットゲーム （トランプゲーム「七並べ」の要領で、意味の通じる英文を作り、最も手元のカードがなくなるかで勝負する） 【Let's Check】セレクトゲーム （学習プリントで行う。日本語の通じる読み方の意味、英文の読み方や意味を理解する） 【作成する英文例】 ・I am famous. ・I am famous/strong/tall/cute. ・I live in Japan. など	（R）動作や特徴を表す語句について、それを用いている場所や、S＋V＋Cの英語の語順に気付き、それを元に語句の読み方や意味を理解することができる。 【Let's Play1】マッチングゲーム （カードゲームでS＋V＋Cの文型のカードを使い、文を作る） 【Let's Play2】ワードターゲットゲーム （トランプゲーム「七並べ」の要領で、カードを出しながら、意味の通じる英文を作り、最も手元のカードがなくなるかで勝負する） 【Let's Check】セレクトゲーム （正しい意味の英文になるように2つの選択肢から選ぶ） 【定着状況を見届ける】	【Let's Play1】マッチングゲーム （カードゲームでS＋V＋Cの文型のカードを使い、文を作る） 【Let's Play2】ワードターゲットゲーム （トランプゲーム「七並べ」の要領で、カードを出しながら、意味の通じる英文を作り、最も手元のカードがなくなるかで勝負する） 【Let's Check】コンプリートゲーム （正しい意味の英文になるように2つの選択肢から選ぶ） 【定着状況を見届ける】	◆日本や世界で活躍する日本人について、学習プリントで平易な英語の文や単語を書き写すことに気付き、その特徴や尊敬する理由などが必要な英語の文や単語を書くことができる。 【Let's Read】Who am I? 2名以上の英文を読み、それがどの人物かを読み取る（男女ローマ字含む） 【英文例】 "Who am I?" I am a man. I am famous. I live in America. I can play soccer well. I can speak Italian. I'm Ichiro. I practice baseball very much. I want to make 4000hits someday."I'm Ichiro. I like baseball so hard. I want to make 4000hits someday. 【Let's Check】 ※絵示プリントで下のその人物が誰かを当てる。 （答え示を見届ける）	◆日本や世界で活躍する日本人について、学習プリントの英文を書き写しながら、その特徴や尊敬する理由などを書くことができる。 【Let's Play】サイレントWho am I?クイズ（準備） ①学習プリントのテキスト単語を一覧を置きながら、テキスト単語を表す一覧表の下線部分に文字を書き写すことができる。 【Let's Check】 ※絵示プリントで下のその人物が誰かを書く （答え示を見届ける）	◆日本や世界で活躍する日本人について、その特徴や尊敬する理由などを、平易な表現を用いて文や文章で書こうとする。 【Let's Play】サイレントWho am I?クイズ ペアで、サイレントWho am I?クイズを行う。 【英文例】 ・I am a woman. ・I am a musician. ・I live in Tokyo. ・I can play the piano. →Utada Hikaru?（不正解） （I made it!?けば当時） Olympics music（for）Japan. →Shina Ringo!（正解） 【Let's Check】 ※出席名順に下記の中記入を選びなさい、回答することで再度確認。 （定着状況を見届ける）
表現・語彙・文例	Who is your favorite 〜？ I like 〜. Why? Because 〜. baseball, tennis, soccer, cool, strong, great, I am a man/woman I am cute/tall/strong/cute, tall, funny, live in 〜 など	Who is your favorite 〜？ I like 〜. Why? Because 〜. baseball, tennis, soccer, cool, strong, great, I am a man/woman I am cute/tall/strong/cute, tall, funny, live in 〜 など	「聞くこと」「話すことによる取扱い Who is your favorite 〜? Why? Because 〜. 「読むことによる取扱い 「書くことによる取扱い I am famous/strong/tall/cute/funny. I am a man/woman, famous, strong, cute, tall, funny, live in 〜 など	「聞くこと」「話すことによる取扱い Who is your favorite 〜? Why? Because 〜. 「読むことによる取扱い 「書くことによる取扱い Who is 〜? Why? Because I like 〜. can, play, run, swim, live in, like, study, tennis, baseball, soccer, fast, well, science など	「聞くこと」「話すことによる取扱い 「読むことによる取扱い 「書くことによる取扱い I can play baseball well. I can swim fast. I can cook well. I study science very hard.	「聞くこと」「話すことによる取扱い 「読むことによる取扱い 「書くことによる取扱い Who is 〜? Why? Because I can 〜. I live in 〜. I can 〜. play, cook, speak, swim, run, famous, strong, cute, well, Japan, America, China など	「聞くこと」「話すことによる取扱い 「読むことによる取扱い 「書くことによる取扱い I'm 〜. I can 〜. I want to play, cook, speak, swim, run, famous, strong, cute, well, Japan, America, China など	「聞くこと」「話すことによる取扱い 「書くことによる取扱い I am 〜. I can 〜. I want to play, cook, speak, swim, run, famous, strong, cute, well, Japan, America, China など

【巻末資料9】

本時の展開 5年生「日本・世界で活躍する日本人」(3/8時間)

本時の目標 (3/8)

Activity (1)	Activity (2)
・好きな日本の有名人について,(話題) ・人物の名前や好きな理由などを,(内容) ・話し手は, I like〜. Because 〜. などの英語表現を用いて話しながら,(方法) ・聞き手は, Who is your favorite Japanese person? Why do you like 〜? などの英語表現を用いて尋ねるとともに,相手の発話内容を繰り返す,簡単な感想を述べるなどの対話方略を用いて聞きながら,(方法) ・2往復程度の対話をしようとする。(程度)	・人物の特徴や住んでいる場所を表す文について, ・S+V, S+V+Cの文の語順に気付き, ・意味の通る英文かどうかを判断することができる。 評価規準 ・S+V+C, S+Vの2種の英文について,それぞれ2つの英文を見比べ,正しい語順の文を選ぶことができる。

本時の展開

過程	過程のねらい	学習活動	個人研究との関連
前単元までの既習表現の定着	既習表現を用いて対話の相手をかえて繰り返し行うことで,活用させたい英語表現や対話方略の定着を図る。	1 Activity (1) Small Talk (1) Interactive Teacher Talk 　・教師と児童によるやり取りから,好きな日本の有名人とその理由について話す尋ね方や答え方を思い出す。 (2) Small Talk [Let's talk about favorite Japanese person.] 　・相手をかえて3回対話する。 　A: Let's talk about favorite Japanese person. 　B: OK. 　A: Who is your favorite Japanese person? 　B: I like Ichiro. 　A: You like Ichiro. 繰り返し 　　 That's nice. ひと言感想 　　 Why do you like Ichiro? さらに質問 　B: Because (he is a) great baseball player. 　　 How about you? Who is your favorite Japanese person? ... 評価規準【関心・意欲・態度】 ・本時の目標[Activity (1)]に同じ。(観察)	既習表現を繰り返し使って取り組む言語活動 ・左記対話例下線部の質問が言えるか,好きなところやその理由を伝えようとしているか,学習状況について,主に2名の児童を見届ける。 【学習状況を見届ける】 《対話を繰り返す中で指導すること》 ・左記対話例下線部の質問が言えたか,好きな人物とその理由を伝えたかを確認し,必要に応じて再提示する。 ・伝えたい内容を英語でうまく言えなかったことはないか確かめ,どのような英語表現を用いればよいか確認する。 【学習状況を見届ける】
活動の導入	教師と児童によるやり取りで導入を図り,活動の見通しやイメージをもてるようにする。	2 Activity (2) (1) Interactive Teacher Talk 　・教師と児童とのやり取りから,人物の特徴や住んでいる場所を表す単語を用いたカードゲームのやり方を理解し,活動への見通しをもつ。 　カードならべかえゲームを楽しもう。	語順を意識して簡単な語句や基本的な表現を読む能力を育む指導の在り方 ・S+V, S+V+Cの語順に意識を向けるための言語活動に取り組む。 ・児童が,負担感を感じることなく意欲的に取り組めるよう,段階を踏んでカードゲームに取り組めるようにする。 ・人物の特徴や住んでいる場所を表す英文を,意味の通る正しい語順で組み立てているかどうか,主に3名の児童を見届ける。 【学習状況を見届ける】
活動による文字への慣れ親しみ	単語を用いたカードゲームに取り組むことで,楽しみながら英文の語順に慣れ親しませ,文構造(語順)への気付きを促す。	(2) Matching Game & Word Order Game 　① Matching Game [ペアで行う活動] (前時の復習) 　　・トランプの「神経衰弱」の要領でカードをめくり,出た英単語を声に出して読む。日本語カードと英語カードがマッチで取る。 　② Word Order Game [ペアで行う活動] 　　・トランプの「七並べ」の要領で,単語カード(文字のみ)を順番に出しながら正しい英文を作る。 (3) Check Time [個で行う活動] 　　・学習プリントの,2つの英文を見比べ,正しい英文を選ぶ問題に取り組む(2問)。 　1 (○) I am tall.　　　2 (　) I Japan live in. 　　(　) I tall am.　　　　(○) I live in Japan.	
定着状況の見届け	本時にできたことや気付いたことを確かめ,次時への意欲をもてるようにする。	3 Evaluation 　・活動の目標に沿って自己評価をする。 (前半)○○君の「同じ名前だから」という理由が面白かった。前より詳しく理由が言えるようになった。(後半)前は単語だったけど,並べ替えゲームをやっていくうちにだんだん文が読めるようになってうれしい。「サイレントWho am I?クイズ」が楽しみだ。 評価規準【理解】 本時の目標[Activity (2)]欄「評価規準」参照。(学習プリント,観察)	全ての児童が「できた」「わかった」と実感するための見届け ・学習プリントを回収し,正しい語順の英文を選ぶことができたか見届ける。 【定着状況を見届ける】

個に応じた指導・援助
・やり取りに必要な表現をどのように活用すればよいか迷うことが予想される児童については,活動初期に教師が学習状況を見届け,発話に自信のない部分を繰り返すなどして支援する。
・正しい語順にするために,どのカードを出せばよいかを見つけるのに時間がかかることが予想される児童については,そばについてカードを指し示したり単語の読み方や意味を教えたりして,語順への気付きを促す。

[巻末資料10] 学習プリント

Who is your favorite Japanese person? 〜日本・世界で活躍する日本人〜

（　）年（　）組　名前（　　　　　　　　　）

① スモールトークを楽しもう。　② カードゲームを楽しもう。

③ **Check Time**　1, 2のそれぞれの英文を読み, 正しい英文に○をつけよう。

1　（　）| I can play tennis.
　（　）| I can tennis play.

2　（　）| I can speak English.
　（　）| I speak English can.

④ 今日の授業で, できたこと, わかったこと, 楽しかったこと, もっとできるようになりたいこと, などを書こう。

前半　
後半　

⑤ 時間があったら, カードを見ながら好きな単語・英文を書こう。

141

【巻末資料11】

『We Can! 2』Unit 2 Welcome to Japan　評価シート

【単元目標】
- 日本の行事や食べ物などについて，聞いたり言ったりすることができる。
- 日本の行事や食べ物や，自分が好きな日本文化について伝え合ったり，例を参考に語順を意識しながら書いたりする。
- 他者に配慮しながら，日本文化について伝え合おうとする。

【評価する領域及び資質・能力】
話すこと（やり取り）／思考力・判断力・表現力

【評価規準】

- 日本の行事について，（話題）
- 紹介したいこと，どんなことができるか，楽しいこと，食べられるもの，よさなどを，（内容）
- 話し手は，"We have 〜 in Japan." "You can enjoy 〜ing." "It's 〜."などの英語表現を用いて，（方法）
- 聞き手は，"What event do you have in Japan?" "What can you do?"などの英語表現や，相手の発話を繰り返す，ひと言感想を述べる，わからないことを確かめるなどの対話方略を適切に用いて，（方法）
- 2往復程度の対話をしている。（程度）

目標を具現した児童の対話例（総合評価Bに到達している児童の対話例）

S1: Hello.	S2: Hi.
S1: How are you?	S2: I'm good. How are you?
S1: I'm great. Let's talk about event in Japan. OK?	S2: OK.
S1: What event do you have in Japan?	S2: In Japan, we have fireworks festival in summer.
S1: Fireworks festival in summer. That's nice. What can you do?	S2: You can enjoy watching fireworks.
S1: Watching fireworks. Sounds great.	S2: Yes. It's exciting.
S1: I see.　（その後，S2がS1に尋ねてやり取りする）	
S1: Nice talking to you.	S2: You too.

【評価方法】

事前指導
- 前時までに，日本の行事や食べ物，文化などについて，自分が紹介したい事物や好きなものを伝え合うSmall Talkを継続的に行う。
- Small Talkでは，児童同士の対話の前に教師が複数の児童とやり取りをする。その際，のちのSmall Talkで児童に使わせたい英語表現を意識的に（しかし自然に）使用する。
- 「〇〇という英語で聞きましょう」「〇〇と聞かれたら△△という英語で答えましょう」といった明示的な指導はせず，内容に意識の向いた自然なやり取りの中で，児童の気付きを促す。
- 相手の話した内容に応じてその場で質問をしたり，相手に尋ねられたことについてより詳しく伝えたりすると，伝え合う内容をより深めることができることを伝え，普段から継続して指導する。
- 事前に評価表を示し，評価の観点に留意して対話するよう促す。

テストの進め方

- 児童同士による1対1のやり取りを別室で行う。
- 対話の様子はビデオカメラで録画して後日評価することが望ましいが，教師がその場で「評価シート（教師用）」を用いて評価してもよい。
- テスト後，「評価シート（児童用）」に到達状況を転記し，次時に児童に渡す。
- 待機中は学習プリントや英語学習に関わるアンケートなどに取り組む。
- ワークシートやメモなどは持たずに対話を行うが，児童の実態に応じて行事のイラスト（『We Can! 2』p.16）などを用いて話すようにしてもよい。
- テストの前に1度 Small Talk を行い，児童の緊張をほぐして普段通りの対話ができるようにする。
- 所要時間：40人学級／45分授業の場合，1単位時間を要する。

実施上の留意点

- 「内容」「正確さ」「対話の継続（なめらかさ）」の3項目について，それぞれABCの3段階で評価する。

> - 総合評価A：3つの項目について全てA
> - 総合評価C：3つの項目について全てC
> - 総合評価B：上記以外
>
> ※それぞれの評価基準については，「評価シート（教師用）」に記載した「先生からのアドバイス」を参照のこと。

- 対話の目的（〜すること）が達成できたか，「評価シート（児童用）」の目標欄の（　）に◎,○,・の3段階で評価する。
- それぞれの項目について，Cがついた児童には，次単元以降重点的な机間指導を行う。
- 具体的には，Small Talkなど，児童同士で対話をする言語活動で，教師が当該児童のそばについて発話し，繰り返すよう促す，例を挙げる，教師自身の本当のことについて話すなどして，伝えたい内容を想起させるなどの個別の支援を行う。
- 児童同士で対話をする際，相手が内容に関わる質問をすることができる場合と，そうでない場合がある。内容に関わる質問がされない場合は，教師が問いかけ，テストの公平性を保つようにする。
- 本単元は，第6学年の2つめの単元である。そのため，現段階で「相手の話した内容に関わって質問する」ということを，全ての児童に求めるものではない。（前時までの学習過程で，相手の話した内容に関わる質問をすることを促すが，定着は求めない。）
- 相手の目を見て話すことや話す時の声の大きさなどは，「思考力・判断力・表現力」には該当しないが，コミュニケーション活動を行う際，他者への配慮という点で児童に意識させたいものであるため，思考力・判断力・表現力の評価とは別に，「主体的に学習に取り組む態度」のひとつとして評価する。
- 紙面の都合上割愛するが，児童自身が自分の対話について振り返ることも，資質・能力の伸長を図る有効な手立てである。振り返りシートなどを活用し，児童が自分の伸びを実感できるようにするとよい。

【児童へのフィードバック方法】

- 次ページの「評価シート（児童用）」を渡し，児童へのフィードバックを行う。
- フィードバックの際は，児童に意欲と見通しをもたせることを最も重要視する。したがって，気になることがあった場合でも，まずは児童ができていることを大いに認めたうえでアドバイスをする。また，アドバイスは，児童に今後の見通しをもたせるものである必要があるため，「今後の授業で何を意識して言語活動に取り組むとよいのか」を具体的に伝えるようにする。

評価シート（児童用）

| | 目標 おすすめの日本の行事を伝え合い，日本文化への理解を深めよう。（　） | | 総合スコア A・B・C |

評価の項目	評価	先生からのアドバイス（これからの学習で意識するとよいこと）
態度 ・顔を見て ・日本語を使わないで ・適切な声量で	◎	相手に伝えようという意識をもって，自分の気持ちや考えについてよりくわしく伝えようとすることができています。これからもこの調子でがんばりましょう。
	○	相手に伝えようという意識をもって，自分の気持ちや考えを伝えようとすることができています。さらに，ふだんの Small Talk などで，伝えたい内容についてよりくわしく話すことを意識するとよいでしょう。
	・	相手に伝えようという意識はあるものの，時々声が小さく聞き取りにくいことがありました。ふだんの Small Talk などで，相手の目を見て話すことや，相手に伝わる十分な声の大きさで話すことなどを意識するとよいでしょう。
内容 ・日本の行事について ・行事の名前 ・できること ・楽しめること	A	日本の行事について，紹介したいこと，どんなことができるか，（楽しいこと，食べられるもの，よさなどを）くわしく，具体的に説明できています。この調子でがんばりましょう。
	B	日本の行事について，紹介したいこと，どんなことができるかを説明できています。今後は，自分からよりくわしく話すことを意識すると，さらにくわしく伝えることができるようになるでしょう。
	C	日本の行事について，紹介したいこと，楽しいこと，よさなどの説明が十分できていたとは言えません。今後は，いろいろなことに興味をもち，相手に何を伝えたいのかをはっきりさせて，対話をするとよいでしょう。
文で ・習った英語で ・文で ・英語らしい発音で	A	これまでに学習した英語表現を使って，適切な発音で，文で話すことができています。これからもこの調子でがんばりましょう。
	B	これまでに学習した英語表現を使って話すことができていますが，ときどき単語だけで答えたり，やや英語らしくはない発音で答えたりしています。ふだんの Small Talk などで，たずねられたことに文で答えようと意識したり，分からない言い方を先生に聞いたりして確かめたりするとよいでしょう。
	C	聞かれたことと違うことを答えたり，単語ばかりで伝えたりしています。ふだんの Small Talk などで，先生や友達の話す英語をよく聞いたり，たずねられたことに文で答えようと意識したり，できるだけ英語で言えるよう，分からない英語表現を先生に聞いて確かめたりするとよいでしょう。
楽しく続く会話 ・対話を続けるための 　英語表現を使って ・あいさつ ・繰り返し ・ひと言感想 ・確認の言葉 ・さらに質問	A	はじめのあいさつ，繰り返し，ひと言感想，確認の言葉，相手の話した内容に関わった質問など，これまでに学習した「対話を続けるための英語表現」を状況に合わせて使いながら，対話をスムーズに続けたり，話題を広げたり深めたりすることができています。この調子でがんばりましょう。
	B	はじめのあいさつ，繰り返し，ひと言感想，確認の言葉など，これまでに学習した「対話を続けるための英語表現」を使って，対話を続けることができています。さらに，ふだんの Small Talk などで，相手の話した内容に関わる質問をすることを心がけると，さらにくわしく話せるようになりますよ。
	C	はじめのあいさつ，繰り返し，ひと言感想，確認の言葉など，これまでに学習した「対話を続けるための英語表現」が，まだすぐに出てこないことがあります。または，自分ばかりが一方的に話したり，相手の話をだまって聞いたりしているなど，相手意識が十分でないようです。ふだんの Small Talk などで，「対話を続けるための英語表現」を使っているか，話した後に振り返るようにするとよいでしょう。

6年（　）組（　）番　名前（　　　　　　　　　　）

評価シート（教師用）

評価の項目	評価	先生からのアドバイス（これからの学習で意識するとよいこと）
関心・意欲・態度 ・顔を見て ・日本語を使わないで ・適切な声量で	◎	相手の目を見て，相手に聞こえる十分な声量で，日本語を使わず，できるだけくわしく話そうとする態度がある。
	〇	相手の目を見て，相手に聞こえる十分な声量で，日本語を使わず話そうとする態度がある。
	・	アイコンタクトがなく，声が小さい。既習の英語表現について日本語を使ってしまう。
内容 ・日本の行事について ・行事の名前 ・できること　など	A	日本の行事について，紹介したいこと，どんなことができるか，楽しいこと，食べられるもの，よさなどをくわしく，具体的に説明している。
	B	日本の行事について，紹介したいこと，どんなことができるかなどを概ね説明している。
	C	日本の行事について，紹介したいこと，楽しいこと，よさなどの説明が不十分である。
正確さ ・文法 ・語彙 ・発音	A	適切な発音で，文構造への意識もあり，英語を全て正しく使っている。
	B	文構造への意識がやや薄い（単語で答えることがある）が，英語を概ね正しく使っている。
	C	重大なまちがいが多く，何を伝えたいのかわからない。問われたことに合わないことを答えている。または，文構造への意識がなく，単語の羅列のみで伝えようとしている。
なめらかさ ・以下の対話方略を適切に用いて ・あいさつ ・繰り返し ・ひと言感想 ・確認の言葉 ・さらに質問	A	"Hi! How are you?"などのはじめのあいさつ，"*Ohanami* in spring."など相手の発話内容の繰り返し，"That's nice."などのひと言感想，"Nice talking to you."などのおわりのあいさつ，"Excuse me? One more time, please."と不明な点を確かめる問いかけ，相手の発話内容に関わった質問など，全ての対話方略をいつも適切に使って，対話を初めから終わりまでスムーズに続けている。
	B	全てではないが，上記のうちいくつかの対話方略を使って，対話を概ねスムーズに続けている。
	C	対話中長い沈黙が多くある，または，対話方略をほとんど使わず最後まで対話が続かない。または，自分ばかりが話す，相手の話を黙って聞くばかりでコミュニケーションが取れていない。

MEMO（児童の発話について，必要に応じてメモをとる。）

態度	
正確さ	
なめらかさ	
内容	

6年（　）組（　）番　名前（　　　　　　　　　）

総合スコア
A・B・C

参考文献

[第1部]

恵那市立三郷小学校 (2017)「三郷メソッドとは?」「三郷小学校の研究について」「5年生 Hello Time における Small Talk」

大垣市立小野小学校 (2017)「Show and Tell の要素が強い言語活動」における学習到達目標,
http://www.ogaki-city.ed.jp/kono/kenkyu/index.html (参照日, 2017年11月1日)

大垣市立中川小学校・小野小学校 (2016) 岐阜県英語教育イノベーション戦略事業「英語拠点校区事業　English Performance Test for elementary school students」

岐阜市立長良西小学校 (2016) 長良西小学校英語科　学習到達目標 (CAN-DOリスト) とパフォーマンス課題, ルーブリック, 児童作品

岐阜市立長良西小学校, 長良中学校 (2017)「話すこと [やり取りの要素が強い]」の学習到達目標

岐阜市立長良東小学校 (2017)「英語科研究紀要」

高山市立久々野小学校 (2017) 岐阜県英語教育イノベーション戦略事業「第3回飛騨地区拠点校区連絡協議会」配付資料

高山市立本郷小学校 (2015)「Small Talk の指導計画」

多治見市立笠原小学校 (2015) 岐阜県英語教育イノベーション戦略事業「英語教育改善研修会」配付資料

中央教育審議会 (2016)「幼稚園, 小学校, 中学校, 高等学校及び特別支援学校の学習指導要領等の改善及び必要な方策等について (答申)」

文部科学省初等中等教育局 (2013)「各中・高等学校の外国教育における「CAN-DOリスト」の形での学習到達目標設定のための手引き」

文部科学省 (2014)『初等教育資料』2014年6月号, 東洋館出版社

文部科学省 (2017)「小学校学習指導要領解説　外国語編」

[第2部]

アレン玉井光江 (2010)『小学校英語の教育法 - 理論と実践』大修館書店

和泉伸一 (2016)『アルク選書シリーズ　フォーカス・オン・フォームとCLILの英語授業 −生徒の主体性を伸ばす授業の提案』アルク

和泉伸一 (2016)『アルク選書シリーズ　第二言語習得と母語習得から「言葉の学び」を考える −より良い英語学習と英語教育へのヒント』アルク

金森強 (2011)『小学校外国語活動・成功させる55の秘訣　−うまくいかないのには理由がある』成美堂

金子朝子・松浦伸和 [編著] (2017)『中学校新学習指導要領の展開 外国語編』明治図書

岐阜県教育委員会 (2016)「岐阜県における児童生徒の学習状況調査」の結果を踏まえた指導改善資料,
http://www.gifu-net.ed.jp/ssd/sien/gakusyuzyoukyou/index.html (参照日, 2017年11月1日)

岐阜県教育委員会 (2016) 中学校「外国語 (英語) 科」における「外国語表現の能力」に焦点を当てた各学年の学習到達目標 (例)」, http://www.gifu-net.ed.jp/kyoka/eigo/eigotop.htm (参照日, 2017年11月1日)

小池生夫 [編著] (2013)『提言　日本の英語教育　−ガラパゴスからの脱出』光村図書

語研ブックレット3 編集委員 (2012)『語研ブックレット3　小学校英語1　−子どもの学習能力に寄り添う指導方法の提案−』
一般財団法人語学教育研究所

語研ブックレット5 編集委員 (2013)『語研ブックレット5　小学校英語2　−子どもの学習能力に寄り添う授業つくりの提案−』
一般財団法人語学教育研究所

サンドラ・サヴィニョン (2016)『コミュニケーション能力 −外国語教育の理論と実践』法政大学出版局

柴田美紀・横田秀樹 (2014)『英語教育の素朴な疑問　−教えるときの「思い込み」から考える』くろしお出版

白井恭弘 (2008)『外国語学習の科学　−第二言語習得論とは何か』岩波書店

白井恭弘（2012）『英語教師のための第二言語習得論入門』大修館書店

白畑知彦［編著］（2004）『英語習得の「常識」「非常識」 ―第二言語習得研究からの検証』大修館書店

上智大学CLTプロジェクト［編］（2014）『アルク選書シリーズ　コミュニカティブな英語教育を考える　―日本の教育現場に役立つ理論と実践』アルク

髙島英幸［編著］（2000）『実践的コミュニケーション能力のための英語のタスク活動と文法指導』大修館書店

髙島英幸［編著］（2005）『文法項目別英語のタスク活動とタスク ―34の実践と評価』大修館書店

瀧沢広人（2013）『目指せ！英語授業の達人21 英語授業のユニバーサルデザイン つまずきを支援する指導＆教材アイデア50』明治図書

二瓶弘行［編著］（2016）『どの子も鉛筆が止まらない！ 小学校国語書く活動アイデア辞典』明治図書

Patsy M. Lightbown/ Nina Spada (2006) How Languages are Learned, 3rd edition. Oxford University Press

文部科学省（2008）「中学校学習指導要領」

文部科学省（2009）「高等学校学習指導要領」

文部科学省（2010）「高等学校学習指導要領解説・外国語編・英語編」

文部科学省（2017）『We Can! 1』『We Can! 2』

文部科学省（2017）「小学校学習指導要領」

文部科学省（2017）「中学校学習指導要領」

文部科学省（2017）「小学校学習指導要領解説　外国語編」

文部科学省（2017）「小学校学習指導要領解説　外国語活動編」

文部科学省（2017）「中学校学習指導要領解説　外国語編」

文部科学省（2017）「小学校外国語活動・外国語研修ガイドブック」

三浦省五［監修］前田啓朗・山森光陽［編著］（2004）『英語教師のための教育データ分析入門　―授業が変わるテスト・評価・研究』大修館書店

松川禮子（2004）『明日の小学校英語教育を拓く』アプリコット

松川禮子・大城賢［共編著］（2008）『小学校外国語活動実践マニュアル　―現場の先生をサポートする』旺文社

三浦孝・中嶋洋一・池岡慎（2006）『ヒューマンな英語授業がしたい！― かかわる,つながるコミュニケーション活動をデザインする』研究社

森山卓郎［編著］（2009）『国語からはじめる外国語活動』慶應義塾大学出版会

山本展子（1994）『英語教師の四十八手（4）ゲームの利用』研究社

吉田研作［編著］（2017）『小学校新学習指導要領の展開 外国語編』明治図書

Rod Ellis (2008) The Study of Second Language Acquisition, 2nd edition. Oxford University Press

渡邉時夫・髙梨庸雄・齋藤榮二・酒井英樹（2013）『小中連携を意識した中学校英語の改善』三省堂

Classroom Photos

岐阜県岐阜市立長良東小学校

(2017.12.4取材, 写真撮影:遠崎 智宏)

9:35

Let's start English time!

日直がみんなの前でかけ声をかけて授業開始。"Hello everyone!" "Hello. How are you?" "Hungry!" "You are hungry. Please ask me." "How are you?" "I'm great. But, I'm a little cold."と子どもたちとやり取りを続ける。

2min

9:37

Singing Time

「からだをうごかしながらきこう」

"Everyone, first of all...."とカードを見せると"Singing time! Yeah!"と盛り上がってスッと歌へ。"Head, Shoulders, Knees and Toes"を伴奏なしでゆっくりと、次は映像を見ながらスピードアップ。"Yes, I can!"では動物の名前とclap, fly, stomp, swimなどの動作ができるかどうかについて、"Can you～?" "Yes, I can. / No, I can't."とやり取りをしながら歌を聞く。

8min

体を動かし楽しくインプット

松本純

低学年は聞くことのインプットを中心とした英語学習をしています。取り扱った英語表現は単元が終わったから，次の単元では出てこないということではなく，1年間で何回も繰り返していくという思いでやっています。動物の学習は前時の学習内容と結び付けています。

動物カードビンゴのヒントとして子どもたちに聞かせたい表現はcanを使った動作の表現です。

Singing Timeの歌"Head, Shoulders, Knees and Toes" "Yes, I can!"とTalking Timeの動物カードビンゴ，Reading Timeの絵本"Head to Toe"の3つの活動が動物を中心につながっていて、子どもたちが考えて活動できるように意図しました。

Talking Time — 5min

9:45

はじめはカードをうら返しにして見せない。"I have nine animal cards. I can climb. But I can't swim. What animal?" "Monkey." とやり取りしながらカードを見せ, 動物の言い方を確かめる。"Dog says meow." "No! Woof."と正解の鳴き声をまねする子どもたち。

Card Bingo — 15min

9:50

「どうぶつのヒントを聞いて、カードビンゴをしよう」

机から自分のカードを出し, 3×3に並べる。"I can say meow. What animal?" "Cat!"と答え, ネコのカードをうら返す。「リーチの子いるかな?」などの問いかけにうれしそうに手を挙げる子。進むにつれて「リーチ」「トリプルリーチ」「ビンゴ」と夢中になっていく。

Reading Time — 13min

10:05

絵本"Head to Toe"のページの半分だけを見せて, "What animal?" "Can you do it?"と質問したり, ジェスチャーしたりしながら読みすすめる。子どもたちも繰り返しに引き込まれ, あわせて拍手したり, 足をぐるぐる回したりアピール。

Check Time — 2min

10:18

本時の学習内容を確かめるために, 先生が言ったことで, できることの絵に○, できないことの絵に×を付けるプリント。"I can't clap." "I can swim." などと話すが, canとcan'tを聞き分けるのは1年生には難しかったようで, 発達段階を見極めることの大切さを実感。

Let's finish English time!

10:20

静かになるのを待って"Stand up, please."

3年

佐藤恵理子

慣れ親しみをねらった英語表現は, I have～. とWhat ～do you want? です。前時まで"What color do you like?" "What drink do you like?" などという英語表現を取り扱ってきました。本時は, 高学年のSmall Talkにつながるように"What ～do you want?" や, 教師と子どものやり取りに重点をおきました。"I have D." など, 自分の名前のなかにあるアルファベットも取り扱いました。導入として, "ABC Songs" を歌いながら自分の名前の文字が画面に出て, 音声で聞いたときに手をたたきます。集中して聞けるように, ペアの友だちの分も手をたたくなど, 子どもたちが楽しめるように難易度を上げ, 繰り返し活動しています。

友だちと知的にレベルアップ

10:40

Let's start English time! 3min

日直の声かけで授業開始。"Hello everyone!" "Hello." "How are you?" "I'm hot!" "Why are you hot?" 「何してたの?」「ゾンビドッジ!」"You play Zonbidojji." "I know!" と, 先生と話したいたくさんの子の手が挙がる。"How is the weather today?" の問いに, "Cloudy!" の大きな返事。

10:43

Alphabet

"ABC Songs"

"We'll study the alphabet. OK?" ですぐに歌 "ABC Songs"。自分の名前のアルファベットで手をたたきながら歌う。途中で止めて, "What's this?" "U." "And the next?" "VWXYZ!" "Good job!" と確認してから歌の続きへ。"If you can close your eyes." とレベルを上げるとさらに盛り上がり, "Good job! Thank you!" に「おっしゃー!」「できた!」と歓声。

10:48

5min

Check 2min

「全員でCheck」

"○○san, what alphabet do you have?" "S and Y." "OK?" と問いかけ, "Super super slowly, 3, 2, 1, go!" で再び "ABC Songs" へ。少しずつリズムを速くして, 繰り返し, "Good job!" 「○○さん, ちゃんとできてたよ」と伝える。

Christmas Present

5min

10:50

"This month is December. This month has a special day. What's this? The 25th is Christmas. What presents do you want?" "I want a special red car." と話してから、"○○san, what presents do you want?" "Two games." のあと、"I know!" とたくさんの挙手。

5min

Christmas Song

10:55

"Next, we study...." と歌 "We Wish You A Merry Christmas" を1番だけ流すと「聞いたことある!」と口ずさむ。"Do you remember this song?"「覚えてるよ!」と曲にあわせて clapping, jumping, stomping, whispering と体を動かしながら歌う。

Talking Time

10min

「ペアで talk」
「ペア交代して talk」

11:00

"○○san, What presents do you want?" "I want a Nintendo Switch." のあと、ペアになってやり取り。プレゼントの話をうれしそうに話す。途中の Question Time で、知りたい英語表現を教え合う。「今→now」「くつ→shoes」「新しいおもちゃ→new toy」など続々と質問が出される。ペアを替えて、"Ready go!" 同じ話題で3人と話す。

11:10

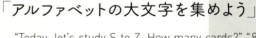

「アルファベットの大文字を集めよう」

"Today, let's study S to Z. How many cards?" "8cards." 頭に手を置き、先生が話すアルファベットのカードをとる。"No. 1. My name is Silvia. I have S." まずは1人で、それからペアで。

14min

11:24

Check Time

1min

11:25

Let's finish English time!

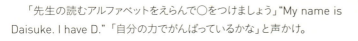

「先生の読むアルファベットをえらんで○をつけましょう」"My name is Daisuke. I have D." 「自分の力でがんばっているかな」と声かけ。

11:35

Let's begin!

1 min

「あいさつ」

先生の"Let's begin!"で授業開始。"Hello everyone!" "Hello." "How are you?" "I'm great!"

11:36

Small Talk

"Last week, December began. January, February, March, April, next?"と問いかけると、子どもたちが"May, June, July, August, September, October, November, December."と続いた。"Do you like December?" "Yes!" "I like December because I like Christmas."子どもたちにも好きか聞き、"What do you want for Christmas? I want a VR player because we can enjoy games."と先生がイラストや写真を見せながら欲しいものを紹介。"Let's talk about Christmas presents!"に子どもたちから「オー!」の歓声。家庭用プラネタリウムや香水の欲しい理由を話すと、子どもたちは先生の言葉を聞きながら繰り返していた。

14 min

"Are you ready?" "OK."の声とともに1回目のSmall Talk。その後、"Any questions?"と質問タイム。「まだ、決まっていない」「図書券」の英語表現を話し合う。「相手が言ったことに質問できた?」に挙手した子どもたちに「すばらしい!」「Why?以外は?」"What computer game do you like?"などが出された。座席を1つずれて2回目、質問タイム、3回目と繰り返す。この日は山田誠志先生も授業を参観。山田先生と楽しくSmall Talk。

11:50

「先生たちの欲しいものを当てよう」

3人の先生の欲しいものを、3つの選択肢から予想する。一つひとつカードを見せながら、"What's this?"と確認して、「全部当たったら今日はいいことがあるかもしれない」と声かけ。

5 min

Guess

11:55

Reading

7 min

3人の先生がほしいものについて話している文のプリントを配付。答え部分は空欄になっている。"Now I have a handout. You can try it. Please read."文の読み方を"I want a necklace."を例に説明。1語ずつのカードを示し、"○○san, What's this?" "I." "What's this?" "Want."と読む。子どもたちがつまずきそうなnecklaceは最初の3文字のみ見せながら、ローマ字を手がかりに読むというコツを教える。子どもたちは「ネーク……」となんとか読もうとする。「もし、見たことのない字が出てきたら、今みたいに『読めるかな〜』って試してみて。それでも無理だったら、次の行に何かヒントがないかなって考えてみて」

「3人の先生登場の映像で答え合わせ」 爆笑

プリントに出てくる先生とクリスマスプレゼントについてやり取りしている映像。身近な先生が英語でやり取りしている映像を見て、子どもたちは大爆笑。答えが分かったところで、「みんなでいっしょに読んでみようか」。全員が声を出して読み進める。「みんな知らないうちに読めるようになっていますね」。

12:02

5min

6年
武部八重子

Small Talkは、子どもが話したくなるような内容がもてることを大切にしています。子どもに負担がなく、既習の英語表現で自分自身の本当のことについて話せる話題を選んでいます。前の単元でI want to ～.を学習していたので、toが付いてなくても想起しやすい、また、時期的にも子どもの興味、関心が高く、楽しく話せると考え、「クリスマスプレゼントは何が欲しいか」と投げかけました。

力を入れたのは、つながりのある複数文を読むという場面設定です。「先生が欲しいプレゼントは何か」を当てるという子どもなりの目的をもち、いろいろなことを手がかりにして考えながら読むことをねらいました。読むことについては機械的な練習ではなく、ローマ字などを手がかりにして読んでいるうちに、英語独特の字のつづりにも慣れてきた、というふうにしたいと考えています。

既習を手がかりに 読み・書く

Writing

8min

12:07

プリントを配りながら、"Here you are." "Thank you." "You're welcome."のやり取り。配られたらすぐに集中して書き始める。

12:15

次時の連絡

"Please listen to me. Next class, we will learn how to write a Christmas card for your mother, for your father, for your grandmother, for your grandfather." 使いたいものがあったら持ってくるように伝える。

5min

See you.

"You did a very good job."とほめてから"See you."

12:20

謝　辞

　まずお礼を申し上げたいのは，英語拠点校の先生方です。

　岐阜県教育委員会は，2014年度から，英語教育イノベーション戦略事業の一環として英語拠点校区事業を実施してきました。岐阜県内の6地区すべてにおいて，拠点となる学校（以下「英語拠点校」という）に先行的な英語教育の実施をお願いしました。英語拠点校は，小・中・高等学校の全学校種にわたっており，具体的には以下のとおりです。

英語拠点校

	第Ⅰ期（2014～2015年度）	第Ⅱ期（2016～2017年度）
岐阜地区	岐阜市立長良西小学校，長良中学校，長良高等学校	（同左）
西濃地区	大垣市立中川小学校，小野小学校，星和中学校，大垣西高等学校	（同左）
美濃地区	関市立旭ヶ丘小学校，富岡小学校，旭ヶ丘中学校，郡上高等学校	関市立安桜小学校，倉知小学校，瀬尻小学校，緑ヶ丘中学校，郡上高等学校
可茂地区	可児市立春里小学校，南帷子小学校，西可児中学校，各務原高等学校	美濃加茂市立下米田小学校，東中学校，各務原高等学校
東濃地区	多治見市立笠原小学校，笠原中学校，中津高等学校	恵那市立三郷小学校，武並小学校，長島小学校，恵那西中学校，中津高等学校
飛騨地区	高山市立本郷小学校，栃尾小学校，北稜中学校，吉城高等学校	高山市立久々野小学校，久々野中学校，吉城高等学校

　私は，小・中学校の英語教育担当者であるため，直接的には小・中学校の英語拠点校の先生方と関わらせていただきました。紙幅の関係上，すべての英語拠点校（小・中学校）の御実践を紹介できなかったことは大変残念ですが，多くの学校において，「考えながら話す」という考え方を踏まえ，創意・工夫ある実践が展開されました。本書を執筆するにあたり，英語拠点校の校長先生方には，各校の実践を本書で紹介させていただくことを御快諾してくださいましたこと，この場を借りて改めて御礼申し上げます。

　英語拠点校（小学校）のある先生は，Small Talkを実践したことがありませんでした。この言語活動を紹介したとき，「即興的に対話するなんて，私の学級の子どもたちには難しすぎると思います」と消極的な反応をされていました。しかし，それから約半年後，その先生の授業ではSmall Talkが実施されていました。その先生は，授業後の懇談で，「あの活動はとてもいいです！　子どもたちが楽しそうに取り組んでくれます。なにより，子どもたちが話せるようになってきたことがとてもうれしいです！」と笑顔で話してくださいました。英語拠点校の多くの先生方は，Small Talkをはじめとした「考えながら話す」言語活動に果敢に挑戦し，子どもの変容に手応えを感じておられました。子どもの成長を真摯に求め，実践の改善に努められたその姿勢に敬意と感謝の気持ちを表します。

　教育事務所の英語担当指導主事のみなさんにも感謝の気持ちを伝えたい。本書において英語

拠点校の実践を紹介しましたが，各校の実践が着実に実施されるよう，熱心かつ継続的に拠点校の先生方に寄り添い，指導・助言を行ってくれました。

　松川禮子先生は，本書を執筆することについて背中を押してくださいました。帯を書いてくださったことにはとても感激しています。県教育委員会の指導主事として英語指導の方針を決定する際に迷いが生じたとき，松川先生が言われるひと言で勇気付けられたり視野が広がったりしたことは一度や二度ではありませんでした。

　第2部を執筆した武部八重子先生は，「考えながら話す」というコンセプトに共鳴してくださり，初めての小学校勤務の中，粘り強くかつ楽しく取り組み，実践の充実・発展を見事に果たされました。先生の実践や考え方に私自身も影響を受け，小学校における英語教育の在り方について深く考えることができました。また，同校英語科の佐藤恵理子先生，松本純先生は，小学校6年間の見通しの中，低学年及び中学年の指導の工夫改善に大変努力してくださいました。長良東小学校の英語科の研究は，インプット重視，授業のブロック化，やり取り中心などの新たな取り組みがいくつかあります。その新しさゆえ，さまざまな御意見をいただくことがあったでしょう。しかし，武部先生とともに実践を積み重ねられました。同校の和合保校長先生は，私が学校を訪れたとき，同校の教職員の一員のようにあたたかく接してくださいました。また，和合校長先生のお言葉やお人柄にふれるたび，長良東小学校に関わらせていただける感謝の気持ちをもちました。

　最後に，日本標準の編集部のみなさん。私の考え方や長良東小学校の実践を認めていただき，書籍にしたいという大変有り難いお申し出をいただきました。その後，業務の多忙さにかまけて執筆開始が遅れることが何度かありました。正直申し上げると，途中，執筆を断念しようかと思ったこともありました。しかし，「山田先生の考えと長良東小の実践をなんとか世に出したいのです！」という熱い気持ちを常に伝え続けてくださいました。みなさんの存在がなければ，この書籍が完成することはありませんでした。

　お世話になったすべてのみなさまに感謝の気持ちを込め，謝辞とさせていただきます。

2018年2月

山田誠志

著者紹介

山田誠志（やまだ・さとし）
岐阜県教育委員会　学校支援課　指導主事
1968年岐阜県生まれ。岐阜県市町村立小学校教員，大垣市教育委員会指導主事，西濃教育事務所指導主事，文部科学省初等中等教育局国際教育課外国語教育推進室事業推進係長を経て，2012年度から現職。
（編集・第1部）

武部八重子（たけべ・やえこ）
岐阜県岐阜市立長良東小学校　教諭
1976年岐阜県生まれ。岐阜県公立中学校（16年），高等学校（1年）を経て，2015年度より同校に勤務。
（第2部）

（所属は2018年2月現在）

© 岐阜県 清流の国ぎふ・ミナモ #0642

自分の本当の気持ちを「考えながら話す」小学校英語授業
－使いながら身に付ける英語教育の実現－

2018年4月1日　第1刷発行

編著者　山田誠志
発行者　伊藤潔
発行所　株式会社日本標準
　　　　〒167-0052　東京都杉並区南荻窪3-31-18
　　　　TEL：03-3334-2630［編集］
　　　　　　　03-3334-2620［営業］
　　　　URL：http://www.nipponhyojun.co.jp/

編集協力　株式会社モアカラー
印刷・製本　株式会社リーブルテック

ISBN 978-4-8208-0640-0 C3037
＊乱丁・落丁の場合はお取り替えいたします。
＊定価はカバーに表示しています。